AF275253

COLEX

eBook gratuito en COLEX Online

⊘ Acceda a la página web de la editorial **www.colex.es**

⊘ Identifíquese con su usuario y contraseña. En caso de no disponer de una cuenta regístrese.

⊘ Acceda en el menú de usuario a la pestaña «Mis códigos» e introduzca el que aparece a continuación:

RASCAR PARA VISUALIZAR EL CÓDIGO

⊘ Una vez se valide el código, aparecerá una ventana de confirmación y su eBook estará disponible en la pestaña «Mis libros» en el menú de usuario

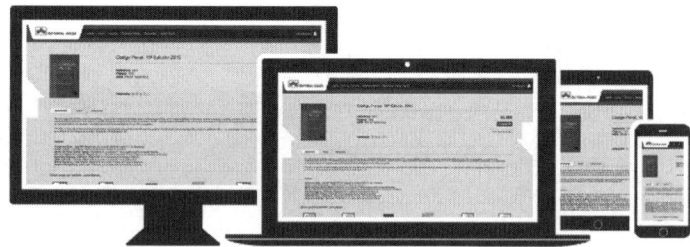

¡Gracias por confiar en Colex!

La obra que acaba de adquirir incluye de forma gratuita la versión electrónica. Acceda a nuestra página web para aprovechar todas las funcionalidades de las que dispone en nuestro lector.

Funcionalidades eBook

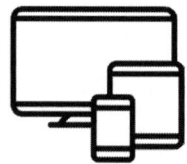

**Acceso desde
cualquier dispositivo**

**Idéntica visualización
a la edición de papel**

Navegación intuitiva

Tamaño del texto adaptable

Puede descargar la APP "Editorial Colex" para acceder a sus libros y a todos los códigos básicos actualizados.

Síguenos en: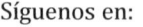

CÓMO SALIR DE UN REGISTRO DE MOROSOS

Análisis práctico de los procedimientos
a seguir en caso de inclusión en un
fichero de solvencia patrimonial

CÓMO SALIR DE UN REGISTRO DE MOROSOS

Análisis práctico de los procedimientos a seguir en caso de inclusión en un fichero de solvencia patrimonial

EDICIÓN 2024

Obra realizada por el Departamento de Documentación de Iberley

COLEX 2024

© Editorial Colex, S.L.
Calle Costa Rica, número 5, 3.º B (local comercial)
A Coruña, 15004, A Coruña (Galicia)
info@colex.es
www.colex.es

I.S.B.N.: 978-84-1194-471-7
Depósito legal: C 694-2024

SUMARIO

ANEXO I.
CASOS PRÁCTICOS

ANEXO II.
FORMULARIOS

1.
LOS REGISTROS DE MOROSOS

¿Qué se entiende por registro de morosos?

Resulta interesante comenzar definiendo qué se entiende por **morosidad** y es que el *Diccionario panhispánico del español jurídico de la RAE* la define como una «*dilación, demora, falta de puntualidad en los pagos o en el cumplimiento de las obligaciones*».

A su vez, la Ley 3/2004, de 29 de diciembre, por la que se establecen medidas de lucha contra la morosidad en las operaciones comerciales, en su artículo 2, define la **morosidad** como «*el incumplimiento de los plazos contractuales o legales de pago*».

Los registros de morosos también se conocen como sistemas de información crediticia encontrando su regulación en el artículo 20 de la Ley Orgánica 3/2018, de 5 de diciembre, de Protección de Datos Personales y garantía de los derechos digitales (LOPDGDD, en adelante).

Podrían definirse como una base de datos donde se recogen aquellos datos personales relativos al incumplimiento de obligaciones dinerarias, financieras o de crédito. El Banco de España, por su parte, en la Memoria de la Central de Información de Riesgos (2021) da una definición similar al considerarlos como «*ficheros creados o mantenidos por una empresa dedicada a la prestación de servicios de información y en los que se registran datos relativos al cumplimiento de obligaciones dinerarias por parte de personas físicas y jurídicas, con el fin de valorar su solvencia económica*».

> **CUESTIÓN**
>
> **¿Qué requisitos deben cumplirse para que se considere lícito el tratamiento de dichos datos personales?**
>
> Los requisitos que deben cumplirse los establece el artículo 20 de la LOPDGDD y son los que siguen:
>
> - Que los datos hayan sido facilitados por el acreedor o por quien actúe por su cuenta o interés.
> - Que los datos se refieran a deudas ciertas, vencidas y exigibles, cuya existencia o cuantía no hubiese sido objeto de reclamación administrativa o judicial por el deudor mediante un procedimiento alternativo de resolución de disputas vinculante entre las partes.

– Que el acreedor haya informado al afectado en el contrato o en el momento de requerir el pago acerca de la posibilidad de inclusión en dichos sistemas, con indicación de aquellos en los que participe.

– Que los datos únicamente se mantengan en el sistema mientras persista el incumplimiento, con el **límite máximo de cinco años** desde la fecha de vencimiento de la obligación dineraria, financiera o de crédito.

– Que los datos referidos a un deudor solamente puedan ser consultados cuando quien consulte el sistema mantuviese una relación contractual con el afectado que implique el abono de una cuantía pecuniaria o este le hubiera solicitado la celebración de un contrato que suponga financiación, pago aplazado o facturación periódica.

– Que, en el caso de que se denegase la solicitud de celebración del contrato, o éste no llegara a celebrarse, como consecuencia de la consulta efectuada, quien haya consultado el sistema informe al afectado del resultado de dicha consulta.

El Tribunal Supremo en su sentencia n.º 945/2022, de 20 de diciembre, ECLI:ES:TS:2022:4607, es claro reforzando los requisitos expuestos cuando señala que:

«(...) para la inclusión de los datos del deudor en ficheros relativos al cumplimiento de obligaciones dinerarias la deuda debe ser, además de vencida y exigible, cierta, es decir, inequívoca, indudable. Por tal razón, no cabe incluir en estos registros datos personales por razón de deudas inciertas, dudosas, no pacíficas o sometidas a litigio.

3.-Por lo general, hemos vinculado el cumplimiento de estos requisitos a la inexistencia de controversia sobre la deuda cuando se produce la comunicación de los datos al fichero de morosos, porque si el titular de los datos considera razonable y legítimamente que no debe lo que se le reclama, y así se lo ha hecho saber al acreedor, la falta de pago no es indicativa de la insolvencia del afectado y por tanto el tratamiento de sus datos en uno de estos ficheros no es pertinente. Tampoco puede utilizarse la inclusión en el fichero de morosos como una medida de presión para zanjar disputas con el cliente sobre la existencia o cuantía de la deuda».

A TENER EN CUENTA. Estamos ante una presunción de licitud que admite prueba en contrario, así que se trata de una presunción *iuris tantum.*

1.1. ¿Qué datos contienen?

¿Qué datos contienen los registros de morosos?

A tenor de lo establecido por el Banco de España y por la LOPDGDD en el mencionado artículo 20, puede concluirse que los registros de morosos incluyen aquellos datos relativos a **obligaciones de pago** por parte de personas tanto físicas como jurídicas. Así pues, se trata de **deudas** que **no** han sido **pagadas** y que pueden ser de cualquier índole: **dinerarias**, **financieras** o de **crédito**.

Pero ¿hay una cuantía mínima a tener en cuenta a la hora de incluir las deudas en dichos registros? Sí, y es la D.A. 6.ª de la LOPDGDD la que establece que «*no se incorporarán a los sistemas de información crediticia a los que se refiere el artículo 20.1 de esta ley orgánica deudas en que la cuantía del principal sea inferior a* **cincuenta euros**».

CUESTIÓN

¿La cuantía mínima puede variar?

Sí. La cuantía de cincuenta euros podrá ser actualizada por el Gobierno mediante real decreto. (D.A. 6.ª de la LOPDGDD).

1.2. Tipos

¿Qué tipos de registros de morosos existen en España?

Existe una amplia variedad de registros de morosos en España, pero los más destacados son los siguientes:

- **Asociación Nacional de Establecimientos Financieros de Crédito (ASNEF-EQUIFAX).** Este registro contiene la información correspondiente al cumplimiento o incumplimiento de obligaciones dinerarias. Esta información es facilitada por los propios acreedores. (Fuente: ASNEF).

- **Fichero de Incidencias Judiciales (FIJ).** El FIJ opera en la misma sintonía que ASNEF, ya que ambos están gestionados por Equifax Ibérica S.L. Esta base de datos contiene información relativa a procedimientos judiciales y reclamaciones de organismos públicos. (Fuente: FINAUXI).

- **Centro de Cooperación Interbancaria-CCI, Dun & Bradstreet y Experian Bureau de Crédito (BADEXCUG).** Este registro es una base de datos que contiene información sobre el cumplimiento de obligaciones dinerarias, tanto de particulares como de empresas. A través de este registro, los clientes podrán recibir las notificaciones oportunas sobre la inclusión en el mismo, así como los requerimientos previos de pago. (Fuente: EXPERIAN).

- **Registro de Aceptaciones Impagadas (RAI).** El RAI tiene como objetivo contribuir tanto al saneamiento del sistema financiero como a la mejora del tráfico mercantil. En él se recoge la información concerniente a deudas impagadas. (Fuente: RAI).

- **Registro de Impagados Judiciales (RIJ).** En cuanto a este registro, se trata de una plataforma online enfocada a los abogados y abogadas que permite que puedan llevar a cabo gestiones de cobro de deudas que se encuentren en una fase prejudicial, judicializadas— salvo que su cuantía sea objeto de discusión por el deudor —y de cantidades que se hayan reconocido mediante resolución judicial firme. (Fuente: Registro de Impagados Judiciales).

Se tiende a considerar a la **Central de Información de Riesgos del Banco de España (CIRBE)** como otro registro de morosos, aunque **no lo es,** a pesar de tratarse de una base de datos que contiene información sobre los préstamos, créditos, avales y garantías que cada entidad mantiene con sus clientes.

Esta afirmación es sostenida por el **Tribunal Supremo en su sentencia n.º 114/2016, de 1 de marzo, ECLI:ES:TS:2016:796,** cuando señala que:

«La Central de Información de Riesgos del Banco de España es un **servicio público** que tiene por **finalidad recabar de las entidades de crédito y otras entidades financieras,** datos e informaciones sobre los riesgos de crédito derivados de contratos tales como préstamos, créditos, descuentos, emisiones de valores, contratos de garantía, compromisos relativos a instrumentos financieros, o cualquier otro tipo de negocio jurídico propio de su actividad financiera, para facilitar a las entidades declarantes datos necesarios para el ejercicio de su actividad, permitir a las autoridades competentes para la supervisión prudencial de dichas entidades el adecuado ejercicio de sus competencias de supervisión e inspección y contribuir al correcto desarrollo de las restantes funciones que el Banco de España tiene legalmente atribuidas. A tales efectos, tales entidades han de enviar periódicamente al CIRBE los datos sobre las operaciones de esa naturaleza que concierten y las personas que directa o indirectamente resulten obligadas en ellas. También comunicarán los datos que reflejen una situación de incumplimiento, por la contraparte, de sus obligaciones frente a la entidad declarante.

Las entidades declarantes tienen derecho a obtener informes sobre los riesgos de las personas físicas o jurídica registradas en el fichero de CIRBE siempre que dichas personas mantengan con la entidad solicitante algún tipo de riesgo, o bien hayan solicitado a la entidad un préstamo o cualquier otra operación de riesgo, o figuren como obligadas al pago o garantes en documentos cambiarios o de crédito cuya adquisición o negociación haya sido solicitada a la entidad.

"[...] De lo expuesto se desprende que **el fichero de CIRBE no es propiamente un fichero de datos de carácter personal** de los previstos en el apartado 2° del art. 29 de la LOPD , esto es, uno de los denominados habitualmente ‹registros de morosos' por recoger datos de carácter personal relativos al incumplimiento de obligaciones dinerarias facilitados por el acreedor. Es un **fichero administrativo específico destinado a informar sobre los riesgos de crédito derivados de contratos propios de la actividad financiera.** Es posible que contenga informaciones sobre la existencia de incumplimientos de obligaciones dinerarias, cuando las mismas se hayan producido, pero no necesariamente toda persona cuyos datos personales se incluyen en tal fichero está asociada a informaciones sobre tales incumplimientos, basta con que sea prestataria, acreditada o fiadora en una operación".

Lo expuesto muestra que la inclusión de los datos de una deudora, en concepto de fiadora solidaria como sucede en este caso, en el fichero de CIRBE, es una obligación de la entidad financiera acreedora (...)».

1.3. El derecho a ser informado. El requerimiento previo

¿Debe ser informada una persona de su inclusión en un fichero de morosos?

Cuando se habla de consentimiento se hace referencia al **derecho que tiene el afectado de ser informado por parte del acreedor**. El artículo 6 de la LOPDGDD establece que:

«1. De conformidad con lo dispuesto en el artículo 4.11 del Reglamento (UE) 2016/679, se entiende por consentimiento del afectado toda manifestación de voluntad libre, específica, informada e inequívoca por la que este acepta, ya sea mediante una declaración o una clara acción afirmativa, el tratamiento de datos personales que le conciernen.

2. Cuando se pretenda fundar el tratamiento de los datos en el consentimiento del afectado para una pluralidad de finalidades será preciso que conste de manera específica e inequívoca que dicho consentimiento se otorga para todas ellas.

3. No podrá supeditarse la ejecución del contrato a que el afectado consienta el tratamiento de los datos personales para finalidades que no guarden relación con el mantenimiento, desarrollo o control de la relación contractual».

Así mismo, el **artículo 20. 1 c) de la LOPDGDD** estipula que «*la entidad que mantenga el sistema de información crediticia con datos relativos al incumplimiento de obligaciones dinerarias, financieras o de crédito deberá notificar al afectado la inclusión de tales datos y le informará sobre la posibilidad de ejercitar los derechos establecidos en los artículos 15 a 22 del Reglamento (UE) 2016/679 dentro de los treinta días siguientes a la notificación de la deuda al sistema, permaneciendo bloqueados los datos durante ese plazo*».

|| La figura del requerimiento previo de pago

En relación con el derecho del afectado a ser informado de su inclusión en un registro de morosos, surge la figura del requerimiento previo de pago. ¿Se debe cumplir con el requisito de realizar por parte del acreedor un requerimiento previo de pago para advertir al deudor? Al respecto el **Tribunal Supremo en la sentencia n.° 945/2022, de 20 de diciembre, ECLI:ES:TS:2022:4607**, señaló lo siguiente:

«(...) el hecho de que el actual art. 20.1.c) de la Ley Orgánica 3/2018 no establezca expresamente el requisito del requerimiento previo de pago no supone que la regulación del art. 38.1.c del reglamento aprobado por el Real Decreto 1720/2007 se oponga o sea incompatible con la nueva norma legal y deba considerarse, por tanto, derogado. Es más, la nueva norma legal contiene la mención a la **existencia de dicho requerimiento previo al prever que la advertencia de comunicación de los datos al fichero debe hacerse bien en ese requerimiento previo, bien al celebrarse el contrato.** Esa mención, que no existía en la anterior ley, implica que el **nuevo precepto legal presupone la existencia necesaria de tal requerimiento previo, que es uno de los momentos, junto con el de celebración del contrato, en los que el acreedor puede hacer al deudor la advertencia de comunicación de sus datos al fichero de morosos en caso de impago de la deuda.**

13.-La conclusión de lo anterior es que **sigue siendo exigible el requerimiento previo de pago**, previsto en el propio art. 20.1.c de la Ley Orgánica 3/2018, cuya función y justificación han sido expresadas por esta sala en numerosas sentencias (entre las últimas, la sentencia 604/2022, de 14 de septiembre): impide que sean incluidas en estos registros los datos de personas que, por un simple descuido, por un error bancario al que son ajenas, o por cualquier otra circunstancia de similar naturaleza, han dejado de hacer frente a una obligación dineraria vencida y exigible, por lo que el dato del impago no es pertinente para enjuiciar su solvencia. **Lo que no es imprescindible** con la nueva regulación **es que en ese requerimiento de pago se advierta de la posibilidad de incluir sus datos en un fichero de morosos en caso de impago pues esa advertencia puede haber sido realizada al contratar.**

14.-La exigencia de que el responsable del fichero notifique al afectado la inclusión de tales datos y le informe sobre la posibilidad de ejercitar los derechos establecidos en los artículos 15 a 22 del Reglamento (UE) 2016/679 dentro de los treinta días siguientes a la notificación de la deuda al sistema, que se contenía tanto en el art. 29 de la anterior ley orgánica como en el párrafo segundo del art. 20.1.c) de la actual, no suple el requisito del requerimiento previo sino que se añade a él, al igual que ocurría en el régimen anterior.

15.-Además, si solo fuera exigible la notificación posterior a la inclusión por parte del responsable del fichero, ya se habría producido un primer tratamiento de esos datos personales por la comunicación de los datos por el acreedor al responsable del fichero, sin asegurarse de su pertinencia, al poder ser tratados los datos de los deudores que por inadvertencia hubieran dejado de pagar alguna deuda sin que esto fuera significativo de su insolvencia».

Continuando con el análisis de la mencionada STS n.º 945/2022, en ella se exponen varias **obligaciones** por parte del **acreedor**, que son:

- Obligación del acreedor de **informar** al afectado, ya sea en el contrato o en el momento de requerir el pago, sobre la posibilidad de que se le incluya en los registros de morosos, indicándole aquellos en los que participa.

- Obligación de **requerimiento de pago** al deudor por parte del acreedor o de quien actúe por su cuenta o interés. Este requerimiento **se llevará a cabo previamente a comunicar los datos al registro de morosos.** También, el acreedor deberá conservar la documentación acreditativa de que se ha cumplido este punto, así como los demás exigidos por la normativa aplicable.

- Obligación de la entidad que mantenga el registro de morosos de **notificar al afectado** que se incluyen los **datos concernientes al incumplimiento de las obligaciones dinerarias, financieras o de crédito**. También deberá **informarme** sobre la **posibilidad de ejercitar los derechos** que establecen los artículos 15 a 22 del Reglamento (UE) 2016/679 **dentro de los treinta días siguientes** a la notificación de la deuda al sistema, quedando **bloqueados** los datos mientas dure ese plazo de treinta días.

A TENER EN CUENTA. La notificación deberá realizarse mediante un **medio fiable, auditable e independiente de la entidad notificante**, que permita acreditar la efectiva realización de los envíos.

JURISPRUDENCIA

Sentencia del Tribunal Supremo n.º 960/2022, de 21 de diciembre, ECLI:ES:TS:2022:4491

«Si bien, y dado que el art. 38 RLOPD no establece una forma especial de llevar a cabo el requerimiento previo, tampoco es necesaria, de cara a su validez, la fehaciencia de su recepción, que se puede considerar fijada a través de las presunciones o acreditada por cualquier medio de prueba (sentencias 672/2020, de 11 de diciembre, 854/2021, de 10 de diciembre, 81/2022, de 2 de febrero, y 436/2022, de 30 de mayo, entre las más recientes) siempre que exista garantía o constancia razonable de ella (sentencias 660/2022, de 13 de octubre, 604/2022, de 14 de septiembre, 854/2021, de 10 de diciembre, 672/2020, de 11 de diciembre), lo que, por depender de las circunstancias concurrentes en cada supuesto, habrá que determinar de forma inevitablemente casuística. Pues bien, lo que alega la recurrente desatiende la argumentación de la Audiencia Provincial y su conclusión probatoria, y no se ajusta a nuestra doctrina sobre el enfoque funcional y el carácter receptivo del requerimiento. Lo primero, puesto que la Audiencia Provincial declaró que el requerimiento previo de pago podía considerarse suficientemente acreditado: (i) porque la recurrida había enviado dos emails, el 8 de febrero y el 8 de marzo de 2019, a la dirección de correo electrónico que había facilitado la recurrente para la concertación y aprobación del préstamo del que traía causa la deuda en la que se fundamentaba la inclusión, en los que se le reclamaba el pago y se le informaba de que, caso de no realizarlo, sus datos podrían ser incluidos en ficheros relativos al cumplimiento o incumplimiento de obligaciones dinerarias; (ii) y porque no había ninguna constancia de que dicha dirección de correo ya no perteneciera a la recurrente o de que hubiera sido cancelada con anterioridad al envío de los emails o de que no hiciera uso de ella.

Y lo segundo, porque nuestra doctrina sobre el enfoque funcional del requerimiento previo de pago nos ha llevado a restar relevancia a este requisito como elemento determinante de la existencia de una vulneración del derecho al honor cuando el deudor no se ha visto sorprendido por la inclusión en el fichero al tener constancia de la deuda y evidenciar sus actos una actitud totalmente pasiva, que es lo que cabe apreciar en el presente caso, ya que, como también se hace constar por la Audiencia Provincial en la sentencia recurrida la cantidad comunicada al fichero Asnef/Equifax por la demandada coincidía con la que había reclamado en un proceso monitorio en el que la demandante no se opuso ni planteó objeción alguna en la ejecución que se despachó contra ella.

Y, en cualquier caso, porque nuestra doctrina sobre el carácter receptivo del requerimiento previo de pago permite que su recepción se considere fijada a través de las presunciones, como en este caso, siempre que exista garantía o constancia razonable de ella, que en el presente supuesto también existe, por lo que argumenta la Audiencia Provincial y apuntala con sus alegaciones el fiscal al señalar, acertadamente, que el presente caso no es uno de envíos masivos de cartas sin constancia de recepción o contenido, que en el contrato de préstamo que dio origen a la deuda se preveía que las notificaciones se realizaran a través del correo electrónico designado por la prestataria y que dicho contrato se concertó online, lo que denota una cierta pericia en relación con las nuevas tecnologías difícilmente compatible con la carencia de conocimientos al respecto que alega la recurrente».

Sentencia del Tribunal Supremo n.º 245/2019, de 25 de abril, ECLI:ES:TS:2019:1321

«Si, como es el caso de los 'registros de morosos', la inclusión de datos personales en el fichero se hace excepcionalmente sin el consentimiento del afectado y si, además, por la naturaleza del fichero, la inclusión en él de los datos personales del afectado puede vulnerar, junto con el derecho del art. 18.4 de la Constitución , otros derechos fundamentales y causar graves daños morales y patrimoniales a los afectados, no pueden rebajarse las exigencias en cuanto a calidad de los datos ni establecerse restricciones u obstáculos adicionales de los derechos de información, oposición, cancelación y rectificación que le reconocen con carácter general el Convenio, la Directiva y la LOPD, por cuanto que ello supondría restringir de un modo injustificado el derecho de control sobre los propios datos personales que los citados preceptos constitucionales, convencionales internacionales y comunitarios, reconocen a todo ciudadano.

*8.-No es, por tanto, correcta la falta de trascendencia que, respecto de la acción de protección del honor ejercitada, la sentencia recurrida ha atribuido al incumplimiento del requisito establecido en los arts. 38.1.c y 39 del Reglamento, consistente en que, para incluir en estos ficheros de morosos los datos de carácter personal determinantes para enjuiciar la solvencia económica del afectado, es preciso que **previamente se haya requerido de pago al deudor** y se le haya informado que, de no producirse el pago, los datos relativos al impago podrán ser comunicados al registro de morosos. Ni es correcto afirmar que la vulneración del derecho al honor se produce exclusivamente cuando se comunican al registro de morosos los datos relativos a una deuda inexistente, por cuanto que, como hemos declarado reiteradamente, los ficheros automatizados del art. 29 LOPD no son meros registros de deudas.*

*9.-En la sentencia 740/2015, de 22 diciembre , hemos declarado que el requisito del requerimiento de pago previo no es simplemente un requisito 'formal', de modo que su incumplimiento solo pueda dar lugar a una sanción administrativa. El requerimiento de pago previo es un requisito que **responde a la finalidad del fichero automatizado sobre incumplimiento de obligaciones dinerarias**, que no es simplemente un registro sobre deudas, sino sobre personas que incumplen sus obligaciones de pago porque no pueden afrontarlas o porque no quieren hacerlo de modo injustificado. Con la práctica de este requerimiento se impide que sean incluidas en estos registros personas que, por un simple descuido, por un error bancario al que son ajenas, o por cualquier otra circunstancia de similar naturaleza, han dejado de hacer frente a una obligación dineraria vencida y exigible sin que ese dato sea pertinente para enjuiciar su solvencia. Además, les permite ejercitar sus derechos de **acceso, rectificación, oposición y cancelación**».*

2.
EFECTOS DE LA INCLUSIÓN EN UN REGISTRO DE MOROSOS

Comprobación de la inclusión en un registro de morosos

Debe traerse a colación el **Reglamento (UE) 2016/679** del Parlamento Europeo y del Consejo, del 27 de abril, **relativo a la protección de las personas físicas en lo que respecta al tratamiento de datos personales y a la libre circulación de estos datos** y por el que se deroga la Directiva 95/46/CE (RGPD).

En el **artículo 15** del citado **RGPD**, se regula el derecho del interesado a **acceder a los datos** que le conciernen, obteniéndolos a través del responsable del tratamiento. Además del acceso a los datos personales, el interesado también podrá obtener información relativa a:

- Los fines del tratamiento.
- Las categorías de datos personales de que se trate.
- Los destinatarios o las categorías de los destinatarios a los que se comunicaron o comunicarán dichos datos personales (destinatarios en terceros países u organizaciones internacionales).
- La existencia del derecho a solicitar al responsable que rectifique o suprima los datos personales, que limite el tratamiento de los mismos o bien, el derecho de oposición a dicho tratamiento.
- El derecho a presentar una reclamación ante una autoridad de control.
- El origen de los datos personales, si los mismos no se hubiesen obtenido a través del interesado.
- La existencia de decisiones automatizadas, incluyendo la elaboración de perfiles, a que se refiere el artículo 22.1 y 22.4 del citado RGPD y, al menos en estos casos, información significativa sobre la lógica aplicada y la importancia y las consecuencias previstas del tratamiento para el interesado.

¿Qué efectos tiene la inclusión en un registro de morosos?

Para determinar los efectos que se producen luego de una inclusión en un registro de morosos es necesario distinguir si se trata de una inclusión legítima en el mismo, o si, por el contrario, se trata de una inclusión ilegítima, la cual atentaría al derecho del honor y a la dignidad del afectado.

2.1. Inclusión legítima en un registro de morosos

Hay que partir de la base del artículo 20.1 b) de la LOPDGDD. Este artículo establece que *«se presumirá lícito el tratamiento de datos personales relativos al incumplimiento de obligaciones dinerarias, financieras o de crédito por sistemas comunes de información crediticia cuando se cumplan los siguientes requisitos: (...) b) Que los datos se refieran a deudas ciertas, vencidas y exigibles, cuya existencia o cuantía no hubiese sido objeto de reclamación administrativa o judicial por el deudor o mediante un procedimiento alternativo de resolución de disputas vinculante entre las partes»*.

Así, se deduce que si existe una **deuda cierta, vencida y exigible** que el deudor no ha reclamado por ninguna vía o a través de un proceso alternativo para resolver disputas que sean vinculantes *inter partes*, se considerará lícita la incorporación en un registro de morosos.

> **A TENER EN CUENTA.** Una de las consecuencias de la inclusión en este tipo de registro sería la denegación de acceso a un crédito (STS n.º 746/2015, de 22 de diciembre, ECLI:ES:TS:2015:5448).

¿Se produce un daño moral si la inclusión en un registro de morosos es legítima?

Para responder a esta cuestión es altamente ilustrativa la **sentencia del Tribunal Supremo n.º 280/2024, de 27 de febrero, ECLI:ES:TS:2024:954**. Se plantea el caso de la interposición de una demanda contra una empresa solicitando que se declarase que se había producido una intromisión ilegítima en el derecho al honor del demandado fruto de la cesión indebida de sus datos a un registro de morosos, así como una *«infracción del principio de cantidad del dato»* por no haber actualizado dichos datos tras la sentencia que declaraba nulo el contrato y que reducía la deuda a la cantidad estrictamente recibida. También se solicitaba la cancelación de los datos cedidos a los registros de morosos, como también que se declarase que el demandante tenía derecho a ser indemnizado por los daños morales y materiales ocasionados por la inclusión en tal registro de morosos.

Se admitió a trámite la demanda y el Ministerio Fiscal emitió informe de contestación a la misma. Fue la procuradora, en representación de la empresa demandada, la que solicitó la desestimación de la demanda y la expresa condena en costas a la parte demandante. Así pues, el Juzgado de Primera Instancia de Badajoz desestimó la demanda e impuso el pago de las costas al demandante.

En segunda instancia, el demandante interpone recurso extraordinario por infracción procesal y recurso de casación. Los motivos alegados fueron:

«Los motivos del recurso extraordinario por infracción procesal fueron:
"Primero.- Se formula el motivo al amparo de lo establecido por el artículo 469.1. 3° y 4° LEC, por vulneración del derecho fundamental a la tutela judicial efectiva (art. 24.1 CE) como consecuencia de una interpretación ilógica e irracional de la prueba practicada en relación con la existencia del requerimiento previo de pago, incurriendo en error patente e infringiendo las normas que regulan la interpretación de la prueba y motivación de la sentencia, arts. 216 a 218 LEC, que resultan infringidos, en relación con la doctrina jurisprudencial de este T.S.".

"Segundo.- Se formula el motivo al amparo de lo establecido por el artículo 469.1. 3° y 4° LEC, por vulneración del derecho fundamental a la tutela judicial efectiva (art. 24.1 CE) como consecuencia de una interpretación ilógica e irracional de la prueba practicada en relación con la existencia de deuda cierta, vencida y exigible, incurriendo en error patente e infringiendo las normas que regulan la interpretación de la prueba y motivación de la sentencia, arts. 216 a 218 LEC, que resultan infringidos, en relación con la doctrina jurisprudencial de este T.S.".

El motivo del recurso de casación fue:
"Único.- Se interpone recurso por infracción del artículo 18.1 C.E. en lo referente al "derecho al honor", que resulta infringido por inaplicación de la doctrina de este T.S. relativa a la vulneración del citado derecho por cesión indebida de datos negativos a ficheros de solvencia patrimonial sin cumplir los requisitos legalmente establecidos por los arts. 4 y 20 de la L.O. 3/2018, también infringidos, en relación con la existencia de deuda cierta, vencida, exigible y libre de controversia, así como de requerimiento previo de pago referido a la concreta deuda informada al fichero"».

La parte demandada y el Ministerio Fiscal se opusieron a los recursos.

«El hoy recurrente interpuso una demanda de protección del derecho al honor contra Heimondo S.L. en la que solicitó diversos pronunciamientos declarativos, cesatorios e indemnizatorios. Basaba su demanda en que la demandada había comunicado sus datos a un fichero sobre solvencia patrimonial sin que existiera una deuda cierta, líquida y exigible y sin haberle requerido previamente de pago.

2.- Tanto el Juzgado de Primera Instancia como la Audiencia Provincial, ante la que apeló el demandante, han desestimado tales pretensiones. Han considerado que existía una deuda cierta y vencida y que se había practicado el requerimiento de pago.

3.- El demandante ha interpuesto un recurso extraordinario por infracción procesal, basado en dos motivos, y un recurso de casación, basado en uno, que han sido admitidos».

Se procede, en primer lugar, a resolver el recurso de casación y el Tribunal Supremo es claro al señalar que debe desestimarse el motivo único del recurso de casación porque se debe partir *«de los siguientes hechos fijados en la instancia. El hoy demandante no había dirigido comunicación alguna a la acreedora cuestionando la deuda por usuraria ni había intentado pagar el principal. Simplemente, no pagó la deuda e incluso una vez que, tras la demanda interpuesta por la acreedora, el Juzgado de Primera Instancia fijó la deuda en el importe del principal prestado y condenó al hoy recurrente a pagarla, este no ha pagado el importe de la condena y el acreedor ha tenido que instar la ejecución de la sentencia. Está también fijado en la instancia que el importe de la deuda que el acreedor comunicó al fichero de morosos es superior al que posteriormente ha resultado fijado en la sentencia que resolvió la demanda interpuesta por el acreedor contra el hoy recurrente».*

El Supremo se remite a su **sentencia n.º 945/2022, de 20 de diciembre, ECLI:ES:TS:2022:4607**, en la que se declaraba que *«lo verdaderamente relevante para que pudiera considerarse infringido el derecho al honor de los demandantes [...] no es tanto la corrección de la concreta cantidad en que el banco cifró la deuda, sino que se hubiera comunicado a la CIRBE sus datos personales asociados a datos económicos de los que resultara su condición de morosos, sin serlo realmente. (...) Por tal razón, la incorrección del dato relativo a la cuantía de la deuda que constaba en el fichero de morosos no supone una vulneración del derecho al honor pues no añade un desvalor relevante respecto de la protección de dicho derecho fundamental al que ya supone ser tratado, justificadamente, como moroso».*

Por ello, el Alto Tribunal considera que **no se produce una vulneración del derecho al honor cuando el importe de la deuda que fue comunicado al registro de morosos es superior al fijado en sentencia.** Se produciría tal vulneración si se hubiese tratado a esa persona como morosa cuando realmente no lo era. En esta línea es importante señalar que *«el deudor no había mostrado signo alguno de desacuerdo ni había ofrecido pagar o intentado consignar el principal del préstamo, sino que, simplemente, había dejado de pagar la deuda en su totalidad y por tal razón hubo de ser demandado por la acreedora. Cuando en ese proceso se ha dictado una sentencia firme fijando la cuantía de la deuda, tampoco la ha pagado. En estas circunstancias, la comunicación de los datos del deudor al fichero no puede interpretarse como una coacción del prestamista hacia el prestatario para zanjar una disputa».*

En cuanto al recurso extraordinario por infracción procesal (actualmente derogado), el TS estimó que el mismo carecía de efecto útil y procedió a fallar desestimando ambos recursos.

Por todo ello, la conclusión es que, **aunque se incluya en un registro de morosos una cantidad errónea, siempre que exista una deuda cierta, líquida y exigible, la inclusión en el mismo será legítima.**

RESOLUCIÓN RELEVANTE

Sentencia de la Audiencia Provincial de La Rioja n.º 372/2023, de 15 de septiembre, ECLI:ES:APLO:2023:477

«(...) debemos concluir que dado que antes de comunicar los datos personales del demandante al fichero de morosos la demandada requirió de pago al demandante, el requisito del requerimiento previo de pago se cumplió.

En este sentido, la Sentencia del Pleno de la Sala Civil del Tribunal Supremo núm. 959/2022 de 21 diciembre (RJ 2022\5588), en cuanto al requisito del requerimiento previo de pago, exigido por el artículo 38.1 c) del Reglamento de desarrollo de la Ley Orgánica 15/1999, de 13 de diciembre, de protección de datos de carácter personal, aprobado por Real Decreto 1720/2007, de 21 de diciembre, fija la doctrina de que, no obstante el carácter receptício del requerimiento previo de pago, el artículo 38.1 c) no establece una forma especial de llevar a cabo el requerimiento previo, de modo que tampoco es necesaria, de cara a su validez, la fehaciencia de su recepción, que se puede considerar fijada a través de las presunciones o acreditada por cualquier medio de prueba (Sentencias 672/2020, de 11 de diciembre, 854/2021, de 10 de diciembre (RJ 2022, 158), 81/2022, de 2 de febrero, y 436/2022, de 30 de mayo (RJ 2022, 2429), entre las más recientes) siempre que exista garantía o constancia razonable de ella (Sentencias 660/2022, de 13 de octubre (JUR 2022, 330520), 604/2022, de 14 de septiembre (RJ 2022, 4197), 854/2021, de 10 de diciembre (RJ 2022, 158), 672/2020, de 11 de diciembre), lo que, por depender de las circunstancias concurrentes en cada supuesto, habrá que determinar de forma inevitablemente casuística.

(...)

Pues bien, tal como se ven en el documento mensaje vía SMS que certifica Logalty se envió al nº de teléfono del demandado que consta en el contrato y que él mismo facilitó, no siendo razonable pensar, dada la extensión y uso de los teléfonos móviles, que la apelante no hubiese sido capaz de valerse de su terminal para conocer el requerimiento de pago, máxime porque no supone ello un conocimiento avanzado del funcionamiento y funciones del dispositivo, pues la recepción y lectura de mensajes SMS, aun provistos de enlaces, es una operación básica al alcance del público desde hace muchos años.

Por lo tanto, en la hipótesis de que el contenido no llegase a conocimiento del demandante fue debido exclusivamente a su conducta pasiva, pues, certificada la remisión por el tercero de confianza al número facilitado por el demandante y mediante un medio previsto en el contrato, el sistema de envío de la comunicación estaba dotado de suficiente efectividad, sin que parezca procedente que se le debiera exigir a la entidad acreedora realizar otra comunicación distinta.

En cuanto al domicilio del demandado que consta en el fichero (CALLE000 NUM001, NUM002, Logroño), es el que el propio demandado hizo constar en el contrato, lo cual resulta por lo tanto correcto de acuerdo con los términos del contrato que antes hemos transcrito, pues no consta que Don Jesús Ángel hubiera notificado al banco una modificación de su dirección».

2.2. Inclusión ilegítima en un registro de morosos

Consecuencias distintas tiene la inclusión en un registro de morosos si la misma resulta ser ilegítima. **¿Cuándo estaríamos hablando de inclusión ilegítima?** Cuando no se cumplen los requisitos del anteriormente citado **artículo 20.1 b) de la LOPDGDD**.

Pues bien, estaríamos hablando de un daño patrimonial, un daño moral y una vulneración del derecho al honor, consecuencias que confluyen entre sí y que, por lo general, se producen conjuntamente cuando se da el caso de la inclusión ilegítima en un registro de morosos.

2.2.1. Daño patrimonial

Como ya se comentó previamente, una de las principales consecuencias de la inclusión en un registro de morosos es que supone un **daño patrimonial** por cuanto impide la posibilidad de acceder a un crédito bancario. Es esclarecedora la **sentencia del Tribunal Supremo n.º 81/2015, de 18 de febrero, ECLI:ES:TS:2015:557,** cuando afirma que *«este perjuicio indemnizable ha de incluir el daño patrimonial, y en él, tanto los daños **patrimoniales concretos,** fácilmente verificables y cuantificables (por ejemplo, el derivado de que el afectado hubiera tenido que pagar un mayor interés por conseguir financiación al estar incluidos sus datos personales en uno de estos registros), como los **daños patrimoniales más difusos** pero también reales e indemnizables, como son los derivados de la **imposibilidad o dificultad para obtener crédito o contratar servicios** (puesto que este tipo de registros está destinado justamente a advertir a los operadores económicos de los incumplimientos de obligaciones dinerarias de las personas cuyos datos han sido incluidos en ellos) (...)».*

2.2.2. Daño moral

Para determinar el significado de **daño moral** la anteriormente citada STS n.º 81/2015, lo entiende como *«aquel que no afecta a los bienes materiales que integran el patrimonio de una persona, sino que **supone un menoscabo de la persona en sí misma, de los bienes ligados a la personalidad,** por cuanto que **afectan a alguna de las características que integran el núcleo de la personalidad,** como es en este caso la **dignidad**».*

A pesar de que será en posteriores puntos donde se ahondará en lo relativo a la reclamación de indemnizaciones por motivo de una inclusión ilegítima en los registros de morosos, es interesante traer a colación dos situaciones a las que hace referencia la sentencia expuesta:

1. Es objeto de indemnización la **afectación a la dignidad en su aspecto interno o subjetivo,** y en el **externo u objetivo relativo a la consideración de las demás personas.** *«Para valorar este segundo aspecto ha de tomarse en consideración la **divulgación** que ha tenido tal dato, pues **no es lo mismo que sólo hayan tenido conocimiento los empleados de la empresa acreedora y los de las empresas responsables de los registros de morosos que manejan los correspondientes ficheros, a que el dato haya sido comunicado a un número mayor o menor de asociados al sistema que hayan consultado los registros de morosos».*

2. Es objeto de indemnización **el quebranto y la angustia producida** por las gestiones que haya tenido que llevar a cabo el afectado para lograr la **rectificación o cancelación** de los datos que han sido tratados de manera incorrecta.

> **JURISPRUDENCIA**
>
> **Sentencia del Tribunal Supremo n.º 267/2023, de 20 de febrero, ECLI:ES:TS:2023:989**
>
> *«La existencia del perjuicio se presumirá siempre que se acredite la intromisión ilegítima. La indemnización se extenderá al daño moral que se valorará atendiendo a*

las circunstancias del caso y a la gravedad de la lesión efectivamente producida, para lo que se tendrá en cuenta en su caso, la difusión o audiencia del medio a través del que se haya producido. También se valorará el beneficio que haya obtenido el causante de la lesión como consecuencia de la misma.

*Dada la presunción iuris et de iure, esto es, no susceptible de prueba en contrario, de existencia de perjuicio indemnizable, el hecho de que la **valoración del daño moral no pueda obtenerse** de una **prueba objetiva** no excusa ni **imposibilita legalmente** a los tribunales para **fijar su cuantificación**, a cuyo efecto ha de tenerse en cuenta y ponderar las circunstancias concurrentes en cada caso. Se trata, por tanto, de una **valoración estimativa**, que en el caso de daños morales derivados de la vulneración de un derecho fundamental del art. 18.1 de la Constitución, ha de atender a los parámetros previstos en el art. 9.3 de la Ley Orgánica 1/1982, de acuerdo con la incidencia que en cada caso tengan las circunstancias relevantes para la aplicación de tales parámetros, utilizando criterios de prudente arbitrio.*

Como es obvio, es materia muy casuística. No hay criterios verdaderamente objetivos y uniformes».

2.2.3. Vulneración del derecho al honor

La **Constitución Española** reconoce en su **artículo 18.1** el derecho al honor al establecer que *«se garantiza el **derecho al honor**, a la intimidad personal y familiar y a la propia imagen»*. Pero ¿qué se entiende por **derecho al honor**? El *Diccionario de español jurídico* define este concepto de la siguiente manera:

«1. Derecho a que se respete la reputación, fama o estimación social de una persona.

2. Derecho a actuar administrativa o judicialmente contra quien profiera expresiones o imputaciones de hechos falsos que hagan desmerecer la consideración social e individual de una persona.

3. Derecho a que se respete la imagen pública de una persona derivada de sus propios actos y su previo comportamiento.

4. Derecho a no ser insultado ni vilipendiado mediante la profusión de expresiones en sí mismas denigrantes, exageradas o injustificadas o mediante la falsa imputación de un comportamiento socialmente criticable».

Se habla, pues, de una vulneración de este derecho al honor por estar ésta conformada por *«el hecho probado de la inclusión indebida en el registro de morosos, por deuda inexistente, lo que indudablemente, sobre todo tratándose de una persona no comerciante, supone desmerecimiento y descrédito en la consideración ajena (artículo 7-7º Ley Orgánica 1/82), pues esta clase de registros suele incluir a personas valoradas socialmente en forma negativa o al menos con recelos y reparos, sobre todo cuando se trata de llevar a cabo relaciones contractuales con las mismas».* (STS n.º 660/2004, de 5 de julio, ECLI:ES:TS:2004:4795).

En relación con esta sentencia n.º 660/2004, el Tribunal Supremo se pronuncia al respecto en la **sentencia n.º 176/2013, de 6 de marzo, ECLI:ES:TS:2013:1715**, afirmando que:

«(...) la inclusión en un registro de morosos, erróneamente, sin que concurra veracidad, es una **intromisión ilegítima en el derecho al honor**, por cuanto es una **imputación, la de ser moroso,** que **lesiona la dignidad de la persona** y **menoscaba su fama** y **atenta a su propia estimación,** precisando que es intrascendente el que el registro haya sido o no consultado por terceras personas, ya que basta la posibilidad de conocimiento por un público, sea o no restringido y que esta falsa morosidad haya salido de la esfera interna del conocimiento de los supuestos acreedor y deudor, para pasar a ser de una **proyección pública,** de manera que si, además, es conocido por terceros y ello provoca unas **consecuencias económicas (como la negación de un préstamo hipotecario)** o un grave perjuicio a un comerciante (como el rechazo de la línea de crédito) sería indemnizable, además del **daño moral** que supone la **intromisión en el derecho al honor** y que impone el artículo 9.3 LPDH.

Por todo ello, la **inclusión equivocada o errónea de datos de una persona en un registro de morosos** reviste gran trascendencia por sus efectos y por las consecuencias negativas que de ello se pueden derivar hacia la misma, de modo que la conducta de quien maneja estos datos debe ser de la **máxima diligencia** para evitar posibles errores. En suma, la **información publicada o divulgada** debe ser **veraz,** pues de no serlo debe reputarse contraria a la ley y, como acto ilícito, **susceptible de causar daños a la persona a la que se refiere la incorrecta información.** La **veracidad** de la información es pues el **parámetro que condiciona la existencia o no de intromisión ilegítima** en el derecho al honor, hasta tal punto que la STS de 5 julio 2004 antes citada, señala que la **veracidad de los hechos excluye la protección del derecho al honor;** en efecto, el Tribunal Constitucional ha reiterado que para que sea legítimo el derecho constitucional de comunicar libremente información es preciso entre otros requisitos que lo informado sea veraz, lo que supone el deber especial del informador de comprobar la autenticidad de los hechos que expone, mediante las oportunas averiguaciones, empleando la diligencia que, en función de las circunstancias de lo informado, medio utilizado y propósito pretendido, resulte exigible al informador».

JURISPRUDENCIA

Sentencia del Tribunal Supremo n.º 267/2023, de 20 de febrero, ECLI:ES:TS:2023:989

«Por D. Cecilio se interpuso demanda contra Orange Espagne S.A.U., en ejercicio de acción de protección del derecho al honor por haber incluido la demandada de forma indebida a D. Cecilio en el fichero de morosos Asnef-Equifax, solicitando una indemnización por daños morales de 20.000 euros.

La parte demandada se opuso a la demanda alegando la caducidad de la acción, negando la existencia de intromisión ilegítima en el derecho al honor del actor al ceder sus datos a un fichero de insolvencia, mostrando su disconformidad con el importe de la indemnización reclamada la cual califica de desproporcionada.

La sentencia de primera instancia estimó la demanda, declarando que la demandada había cometido intromisión ilegítima en el derecho al honor del actor. Y falló además: "La demandada abonará al actor la suma de 20.000 euros en concepto de indemnización, más intereses legales y las costas de este procedimiento". Dicha resolución, tras rechazar la caducidad de la acción, indica que la intromisión ilegítima de la demandada en el derecho al honor del demandante está más que acreditada. En primer lugar, la deuda por la que fue incluido en el fichero no consta probada siquiera indiciariamente. En segundo lugar, tampoco queda acreditado que, antes de incluir al actor en el fichero de insolvencia, la demandada requiriera de pago al actor ni le advirtiera de su inclusión en tal registro. En tercer lugar, se da la circunstancia de que el actor, al enterarse de su inclusión en el fichero, llevó a cabo una tarea titánica, primero, para acceder a sus datos, y después, para que los mismos fueran cancelados. Los datos del actor han estado indebidamente incluidos en el fichero de insolvencia durante 5 años. En su fundamento de derecho sexto, se procede a fijar el importe de la indemnización en 20.000 euros. A tal fin señala lo siguiente:

"[...] La parte actora interesa una indemnización por daños morales por importe de 20.000 euros, mientras que la demandada se opone a la misma por desproporcionada. Como se ha avanzado en fundamentos anteriores, los datos del actor estuvieron incluidos 5 años en el registro de insolvencia y, de la información aportada por Asnef-Equifax, contestando al oficio remitido por este Juzgado, ha quedado acreditado que, desde la inclusión del actor en tal fichero, el mismo ha recibido varias consultas, no sólo de empresas de telefonía, sino también de entidades financieras y aseguradoras. Además, han sido numerosas (y angustiosas, podríamos decir) las gestiones que, desde 2018, ha realizado el actor para que consiga la cancelación de sus datos en octubre de 2020. Se añade, además, la circunstancia de la escasa diligencia empleada por la demandada al contratar servicios a nombre del actor, algo que ha sido constatado en la resolución de la Agencia Española de Protección de Datos por la que Orange fue sancionada. Esta falta de diligencia llegó al punto de contratar servicios por teléfono, supuestamente con el actor, aunque la voz que se escuchaba era femenina. [...]".

Contra la sentencia de primera instancia se interpuso recurso de apelación por la entidad demandada, Orange Espagne S.A.U., recurso que fue resuelto por la sentencia de la Audiencia Provincial de Badajoz que hoy es objeto del presente recurso de casación. Dicha resolución estimó en parte el recurso de apelación interpuesto, revocando la sentencia de primera instancia, estimando parcialmente la demanda, modificando la sentencia de primera instancia en el sentido de fijar la indemnización en la cantidad de 3.000 euros. La sentencia de la Audiencia Provincial, tras rechazar la petición de suspensión por prejudicialidad penal y la caducidad de la acción, consideró probado que se suplantó la identidad del demandante, indicando que no constando la culpa de D. Cecilio, cuando finalmente Orange decide incluirle en el registro de morosos se produjo una intromisión ilegítima en su honor, pues ni había contratado nada con ella, ni por ende podía estar en deuda con ella».

CUESTIÓN

¿Puede considerarse la inclusión en el registro de morosos como una forma de presionar a un cliente para que realice un pago?

Sí, y un claro ejemplo de ello lo encontramos en la **sentencia del Tribunal Supremo n.º 746/2015, de 22 de diciembre, ECLI:ES:TS:2022:5448,** cuyo tenor literal establece que:

«Estando afirmado por la Audiencia Provincial que no existía prueba suficiente de que concurrieran los hechos determinantes del nacimiento de la deuda derivada de la aplicación de la cláusula penal y que Orange reconoció que la inclusión de Rentador en sendos registros de morosos por dicha deuda constituyó un método de presión para que abonara el importe de la penalización, la Audiencia Provincial ha resuelto correctamente que existió una actuación ilícita de Orange que vulneró su derecho al honor y que le provocó un quebranto patrimonial al ver denegada la financiación del ICO por tal causa, puesto que, como hace correctamente la Audiencia, es aplicable la doctrina sentada en la sentencia de esta Sala 176/2016, de 6 de marzo, reiterada en resoluciones posteriores, que afirma:

"*La inclusión en los registros de morosos no puede ser utilizada por las grandes empresas para buscar obtener el cobro de las cantidades que estiman pertinentes, amparándose en el temor al descrédito personal y menoscabo de su prestigio profesional y a la denegación del acceso al sistema crediticio que supone aparecer en un fichero de morosos, evitando con tal práctica los gastos que conllevaría la iniciación del correspondiente procedimiento judicial, muchas veces superior al importe de las deudas que reclaman.*

Por tanto, esta Sala estima que acudir a este método de presión representa en el caso que nos ocupa una intromisión ilegítima en el derecho al honor [...]"».

3.
DERECHOS «ARSO» FRENTE A LA INCLUSIÓN EN UN REGISTRO DE MOROSOS

Derechos «ARSO»

Se conocen como derechos «ARSO» («ARCO») los derechos al **acceso**, la **rectificación**, la **supresión** (antiguo derecho de cancelación) y la **oposición** relativos a los datos personales que se incorporan a un registro de morosos. Su regulación se encuentra en la **LOPDGDD** y en el Reglamento (UE) 2016/679, también llamado Reglamento General de Protección de Datos (**RGPD**, en adelante).

RESOLUCIÓN RELEVANTE

Sentencia del Tribunal Superior de Justicia de Navarra n.º 279/2023, de 11 de octubre, ECLI:ES:TSJNA:2023:622

«(...) ¿a qué se refiere el actor cuando se refiere a los derechos ARCO? (a ellos también se refería en el recurso de alzada, no obstante, la Administración nada dice al respecto); se está haciendo referencia (es el acrónimo) a los cuatro principales derechos que se recogían ya en la regulación anterior en materia de protección de datos. Estos son los derechos de acceso, rectificación, cancelación y oposición artículos 15 a 22 del Reglamento General de Protección de Datos . Y en definitiva son aquellos que brindan seguridad a los ciudadanos evitando que su información personal sea manipulada sin límites. Ambas normativas, la de protección de datos y la aplicada por la Administración y por este Tribunal, se refieren a ámbitos y bienes jurídicos diferentes.

Veamos qué significa cada uno de ellos.

"DERECHO DE ACCESO

El derecho de acceso es el derecho que se reconoce a los interesados para dirigirse al responsable del tratamiento y conocer así si se están tratando o no sus datos personales y, en caso afirmativo, obtener la siguiente información:

DERECHO DE RECTIFICACIÓN (ART. 16 RGPD Y 14 LOPDGDD)

El derecho de rectificación permite al interesado corregir o modificar sus datos personales inexactos sin dilación indebida del responsable del tratamiento. Asimismo, atendiendo a los fines del tratamiento, este derecho también permite a los interesados completar sus datos personales cuando estos estén incompletos.

> *Cuando se ejercite el Derecho de rectificación, el afectado deberá indicar en su solicitud a qué datos se refiere y la corrección que haya de realizarse. Deberá acompañar, cuando sea preciso, la documentación justificativa de la inexactitud o carácter incompleto de los datos objeto de tratamiento.*
>
> *DERECHO DE CANCELACIÓN Y DERECHO AL OLVIDO (ART. 17 RGPD Y 15 LOPDGDD)*
>
> *El derecho de cancelación, más conocido como derecho de supresión, es el derecho del afectado a que se supriman sus datos de carácter personal cuando concurra alguna de las siguientes circunstancias:*
>
> *DERECHO DE OPOSICIÓN (ART. 21 RGPD Y 18 LOPDGDD)*
>
> *El derecho de oposición, como su propio nombre indica, supone que el interesado puede oponerse a que el responsable realice un tratamiento de sus datos personales"».*

|| Derecho de acceso

El derecho de acceso se regula en el **artículo 13 de la LOPDGDD** y el **artículo 15 del RGPD**. Es este último precepto el que establece en su apartado primero que:

«El interesado tendrá **derecho a obtener del responsable del tratamiento** confirmación de si se están tratando o no datos personales que le conciernen y, en tal caso, **derecho de acceso** a los datos personales y a la siguiente información:

a) los fines del tratamiento;

b) las categorías de datos personales de que se trate;

c) los destinatarios o las categorías de destinatarios a los que se comunicaron o serán comunicados los datos personales, en particular destinatarios en terceros países u organizaciones internacionales;

d) de ser posible, el plazo previsto de conservación de los datos personales o, de no ser posible, los criterios utilizados para determinar este plazo;

e) la existencia del derecho a solicitar del responsable la rectificación o supresión de datos personales o la limitación del tratamiento de datos personales relativos al interesado, o a oponerse a dicho tratamiento;

f) el derecho a presentar una reclamación ante una autoridad de control;

g) cuando los datos personales no se hayan obtenido del interesado, cualquier información disponible sobre su origen;

h) la existencia de decisiones automatizadas, incluida la elaboración de perfiles, a que se refiere el artículo 22, apartados 1 y 4, y, al menos en tales casos, información significativa sobre la lógica aplicada, así como la importancia y las consecuencias previstas de dicho tratamiento para el interesado».

A su vez, **el artículo 13 de la LOPDGDD** establece que se tendrá por otorgado el **derecho de acceso** cuando el responsable del tratamiento de datos haya facilitado a la persona afectada un sistema de **acceso** que sea **remoto, directo y seguro** a dichos datos personales que **garantice permanentemente el acceso a la totalidad de los mismos.**

Además, si se ejercita el derecho de acceso más de una vez en el plazo de **seis meses,** a no ser que exista una causa que lo legitime, se considerará repetitivo. De ser así, el artículo 12.5 del RGPD establece que **el responsable del tratamiento podrá** *«cobrar un canon razonable en función de los costes administrativos afrontados para facilitar la información o la comunicación o realizar la actuación solicitada, o negarse a actuar respecto de la solicitud».*

|| Derecho de rectificación

El derecho de rectificación está reconocido en el **artículo 14 de la LOPDGDD y en el artículo 16 del RGPD.**

Artículo 16 del RGPD

«El interesado tendrá derecho a obtener sin dilación indebida del responsable del tratamiento la rectificación de los datos personales inexactos que le conciernan. Teniendo en cuenta los fines del tratamiento, el interesado tendrá derecho a que se completen los datos personales que sean incompletos, inclusive mediante una declaración adicional».

Por su parte, el **artículo 14 de la LOPDGDD** establece como se debe ejercitar este derecho, siendo necesario que el afectado indique en la solicitud los datos a los que se refiere y la corrección que desea que se realice. A su vez, debe acompañar, si fuese necesario, la documentación que justifique la inexactitud o el carácter incompleto de los datos que se tratan.

Esta solicitud de rectificación deberá resolverse en el plazo de un mes desde la recepción de la misma. En dicha resolución se confirmará al afectado si sus datos han sido tratados, así como los atestados policiales en los que habrían sido incluidos si se diese el caso. (Fuente: https://sede.policia.gob.es/).

Conforme a la **Ley Orgánica 7/2021, de 26 de mayo**, de protección de datos personales tratados para fines de prevención, detección, investigación y enjuiciamiento de infracciones penales y de ejecución de sanciones penales, en su artículo 24.1, el responsable del tratamiento de datos podrá:

«(...) aplazar, limitar u omitir la información a la que se refiere el artículo 21.2, así como denegar, total o parcialmente, las solicitudes de ejercicio de los derechos contemplados en los artículos 22 y 23, siempre que, teniendo en cuenta los derechos fundamentales y los intereses legítimos de la persona afectada, resulte necesario y proporcional para la consecución de los siguientes fines:

a) Impedir que se obstaculicen indagaciones, investigaciones o procedimientos judiciales.

b) Evitar que se cause perjuicio a la prevención, detección, investigación y enjuiciamiento de infracciones penales o a la ejecución de sanciones penales.

c) Proteger la seguridad pública.

d) Proteger la Seguridad Nacional.

e) Proteger los derechos y libertades de otras personas».

|| Derecho de supresión

El derecho de supresión es también conocido como «**derecho al olvido**». Los artículos que lo regulan son el **art. 15 de la LOPDGDD** y el **art. 17 del RGPD,** y es este último el que establece en su apartado primero que:

> «El interesado tendrá derecho a obtener sin dilación indebida del responsable del tratamiento la supresión de los datos personales que le conciernan, el cual estará obligado a suprimir sin dilación indebida los datos personales cuando concurra alguna de las circunstancias siguientes:
>
> a) los datos personales ya no sean necesarios en relación con los fines para los que fueron recogidos o tratados de otro modo;
>
> b) el interesado retire el consentimiento en que se basa el tratamiento de conformidad con el artículo 6, apartado 1, letra a), o el artículo 9, apartado 2, letra a), y este no se base en otro fundamento jurídico;
>
> c) el interesado se oponga al tratamiento con arreglo al artículo 21, apartado 1, y no prevalezcan otros motivos legítimos para el tratamiento, o el interesado se oponga al tratamiento con arreglo al artículo 21, apartado 2;
>
> d) los datos personales hayan sido tratados ilícitamente;
>
> e) los datos personales deban suprimirse para el cumplimiento de una obligación legal establecida en el Derecho de la Unión o de los Estados miembros que se aplique al responsable del tratamiento;
>
> f) los datos personales se hayan obtenido en relación con la oferta de servicios de la sociedad de la información mencionados en el artículo 8, apartado 1».

Una vez que el responsable de tratamiento haya hecho públicos los datos personales y esté obligado a suprimirlos, adoptará medidas razonables con la finalidad de informar a los responsables que estén tratando los datos personales de la persona que ha solicitado la supresión de los mismos.

Estas dos situaciones expuestas no serán de aplicación cuando el tratamiento de esos datos se necesite para:

- Ejercitar el derecho a la libertad de expresión e información.
- El cumplimiento de una obligación legal cuyo requisito sea el tratamiento de datos y haya sido impuesta por el Derecho de la Unión o de los Estados miembros que se aplique al responsable del tratamiento, o para el cumplimiento de una misión realizada en interés público o en el ejercicio de poderes públicos conferidos al responsable.
- Por razones que sean de interés público en el ámbito de la salud pública.
- Con fines de archivo en interés público, fines de investigación científica o histórica o fines estadísticos.
- La formulación, el ejercicio o la defensa de reclamaciones.

¿Cuáles son los límites del derecho de supresión con respecto a una persona fallecida?

Para resolver esta cuestión, el **Tribunal Supremo en la sentencia n.º 374/2024, de 4 de marzo, ECLI:ES:TS:2024:1401**, señala que:

> «El Reglamento (UE) 2016/679 del Parlamento Europeo y del Consejo de 27 de abril de 2016 relativo a la protección de las personas físicas en lo que respecta al tratamiento de datos personales y a la libre circulación de estos datos, dispone en su considerando 27 que «El presente Reglamento no se aplica a la protección de datos personales de personas fallecidas». Pero ese mismo apartado añade seguidamente que «Los Estados miembros son competentes para establecer normas relativas al tratamiento de los datos personales de estas».
>
> De modo que, si bien las previsiones del Reglamento de la Unión Europea no son, en principio, aplicables para la protección de datos de personas fallecidas se deja libertad a los Estados miembros para que puedan regular esta materia».

El Supremo trae a colación la LOPDGDD y cita su artículo 2, apartado segundo, el cual señala que *«esta ley no se aplicará a los tratamientos de datos de personas fallecidas*, pero añade *«sin perjuicio de lo establecido en el artículo 3». Y el art. 3.1 faculta a «las personas vinculadas al fallecido por razones familiares o de hecho, así como sus herederos» para que puedan dirigirse al responsable o encargado del tratamiento «al objeto de solicitar el acceso a los datos personales de aquella y, en su caso, su rectificación o supresión». Y ello con independencia del derecho al testamento digital regulado en el art. 96 de dicha norma».*

Concluye que en España **se regulan los derechos de acceso, rectificación o supresión de los datos personales de personas que han fallecido, reconociéndoles legitimación a los familiares y herederos del fallecido.**

El recurrente considera que el derecho de supresión de datos de personas fallecidas tiene un régimen jurídico propio que es distinto al régimen general. Así, defiende que, al ejercitarse el derecho de supresión de datos de personas fallecidas, se deben bloquear automáticamente los resultados de búsqueda sin detenerse a realizar una ponderación entre las libertades del artículo 20 de la Constitución Española y el derecho a la protección de datos en el caso en el que dichos datos no sean inexactos. Se estaría hablando pues de un derecho de supresión reforzado o absoluto, que prevalecerá frente a cualquier otro derecho fundamental que se invoque.

Es por ello por lo que *«esta afirmación le lleva a considerar que la sentencia debería haberse basado en el artículo 3.1 de la LOPD, pero sin que le fuesen de aplicación los límites y los criterios de ponderación previstos en el art. 17 del RGPD o las disposiciones que regulan el derecho al olvido en búsquedas de internet, previsto en el art. 93 de la LOPD».*

Afirma el TS que:

> «Es cierto que el **art. 3 de la LOPD** reconoce en España la **protección de los datos de las personas fallecidas**, admitiendo el ejercicio de los derechos de acceso, rectificación o supresión, **pero ello no implica que**

el alcance de la protección concedida sea distinto del régimen general existente para ponderar la viabilidad de estos derechos. O, dicho de otra forma, **no se establece un régimen independiente y autónomo del derecho de supresión de datos, distinto del establecido para las personas físicas.** Así, el artículo 15 de la LOPD, que regula el derecho de supresión, se remite expresamente a lo dispuesto en el art. 17 del Reglamento de la Unión ("1. El derecho de supresión se ejercerá de acuerdo con lo establecido en el artículo 17 del Reglamento (UE) 2016/679") por lo que, por vía de esta remisión, el alcance y los límites del derecho de supresión ("derecho al olvido") de las personas fallecidas en España, se regula por las mismas disposiciones que el Reglamento de la Unión Europea establece para las personas vivas.

Ello, desde un punto de vista positivo, incluye la aplicación de los supuestos en los que el derecho de supresión o derecho al olvido es procedente (los datos no son necesarios en relación con los fines, los datos han sido tratados ilícitamente, cumplimiento de una obligación legal), y la toma en consideración de las previsiones contenidas en otros preceptos de la ley, como la exactitud de los datos tratados a los efectos de su supresión (art. 4 de la LOPD). Obviamente, habrá que tomar en consideración las peculiaridades propias que implica que se trate de datos de una persona fallecida, lo que condicionará la aplicación de algunos supuestos como la retirada del consentimiento u otros similares, que por lógica no pueden producirse».

Concluye el Alto Tribunal sentenciando que «*establecida la **posibilidad de extender la regulación de la protección de datos también para las personas fallecidas**, la regulación sustantiva en lo relativo al ejercicio del derecho de acceso, y supresión de las personas fallecidas **es el mismo que para los vivos**, siendo de aplicación los mismos límites y la ponderación de intereses en conflicto con las inevitables adaptaciones propias de este tipo de protección. Ello implica la **aplicación** de aquellos **preceptos de la LOPD** que regulan el **tratamiento de datos y sus límites**, incluidos la **exigencia** de que los datos sean exactos y actualizados (art. 4), las previsiones contenidas respecto del derecho de supresión de datos (art. 15 LOPD) y las **especialidades** que se establecen en la eliminación de enlaces gestionados por motores de búsqueda en internet (artículo 93)*».

|| Derecho de oposición

El **artículo 21 del RGPD** estipula que:

«El interesado tendrá **derecho a oponerse** en cualquier momento, por motivos relacionados con su situación particular, a que datos personales que le conciernan sean objeto de un tratamiento basado en lo dispuesto en el artículo 6, apartado 1, letras e) o f), incluida la elaboración de perfiles sobre la base de dichas disposiciones. El responsable del tratamiento **dejará de tratar los datos personales**, salvo que acredite motivos legítimos imperiosos para el tratamiento que prevalezcan sobre los intereses, los derechos y las libertades del interesado, o para la formulación, el ejercicio o la defensa de reclamaciones».

Si la finalidad del tratamiento de los datos personales es la **mercadotecnia directa**, el interesado puede **oponerse** en todo momento a que se realice el tratamiento de los datos personales que le atañen, incluyendo una elaboración de perfiles en la medida en que esté relacionada con la mercadotecnia. El propio artículo 21 del RGPD establece en su apartado tercero que *«cuando el interesado se oponga al tratamiento con fines de mercadotecnia directa, los datos personales dejarán de ser tratados para dichos fines»*.

CUESTIÓN

¿Qué se entiende por mercadotecnia?

El término mercadotecnia es definido por el *Diccionario de español jurídico* como el *«conjunto de estrategias empleadas para la comercialización de un producto y para estimular su demanda»*.

El interesado también podrá ejercer su derecho a oponerse al tratamiento de datos: (**art. 21.5 y art. 21.6 del RGPD**)

- En el contexto de la utilización de la sociedad de la información.

- Cuando los datos personales se traten con **fines de investigación científica o histórica o fines estadísticos** de conformidad con el artículo 89.1.

A TENER EN CUENTA. En esta última situación, el interesado no podrá oponerse al tratamiento de sus datos personales cuando los mismos sean necesarios para el cumplimiento de una misión llevada a cabo por razones de interés público.

JURISPRUDENCIA

Sentencia del Tribunal Supremo n.º 1562/2020, de 19 de noviembre, ECLI:ES:TS:2020:3891

«En cuanto a lo segundo, en el Considerando 70 se dice que: ‹Si los datos personales son tratados con fines de mercadotecnia directa, el interesado debe tener derecho a oponerse a dicho tratamiento […] y ello en cualquier momento y sin coste alguno. Dicho derecho debe comunicarse explícitamente al interesado y presentarse claramente y al margen de cualquier otra información».

Por ello, el artículo 21. 1 RGPD dispone que el interesado tendrá derecho a oponerse cuando el tratamiento tenga por objeto la mercadotecnia directa, derecho que tiene su reflejo en la correlativa obligación del responsable del tratamiento de facilitar al titular de los datos, en el momento en que éstos se obtengan, toda la información que establece el artículo 13, en relación con el artículo 6.1 f), cuáles sean los intereses legítimos de tal responsable o de un tercero y, además, debe facilitar la información establecida en el párrafo 2 de dicho artículo 13, que se refiere, entre otros extremos, al plazo durante el cual se conservarán los datos personales y a la existencia de os derechos de acceso, rectificación cancelación limitación del tratamiento y oposición, así como el derecho a la portabilidad de los datos. Por último, el artículo 14 regula similar obligación cuando los datos personales no se hayan obtenido del interesado.

Pues bien, la pretensión de la recurrente no se justifica con la prueba del cumplimiento de las obligaciones derivadas de la aplicación del Reglamento, que podría dar lugar a su aplicación retroactiva que, como se ha expuesto, no autoriza sin más las operaciones de mercadotecnia, como la que es objeto de la resolución sancionadora, y cuyo objeto principal, enunciado en su artículo 1, es la protección de las personas físicas en lo que respecta al tratamiento de los datos personales. ‘»

Ampliación de los derechos «ARSO» con el RGPD

A mayores de los derechos de acceso, rectificación, supresión y oposición, el **Reglamento General de Protección de Datos** reconoce el **derecho a la portabilidad de los datos, derecho a la limitación del tratamiento** y el **derecho a no ser objeto de decisiones individuales automatizadas.**

Derecho a la portabilidad de los datos personales

El derecho a la portabilidad de los datos personales se reconoce en el **artículo 20 del RGDP** y supone que:

> «El interesado tendrá **derecho a recibir los datos personales que le incumban,** que haya facilitado a un responsable del tratamiento, en un **formato estructurado,** de **uso común** y **lectura mecánica,** y a transmitirlos a otro responsable del tratamiento sin que lo impida el responsable al que se los hubiera facilitado, cuando:
>
> a) el tratamiento esté **basado** en el **consentimiento** con arreglo al artículo 6, apartado 1, letra a), o el artículo 9, apartado 2, letra a), o en un contrato con arreglo al artículo 6, apartado 1, letra b), y
>
> b) el **tratamiento** se **efectúe por medios automatizados».**

Cuando el interesado ejercite su derecho a la portabilidad de sus datos, tendrá derecho a que los mismos **se transmitan directamente de responsable a responsable,** si fuese técnicamente posible. Pero, de tratarse del cumplimiento de una misión que se realiza en interés público o en el ejercicio de poderes públicos que confieran al responsable del tratamiento, el interesado no podrá ejercitar el derecho a la portabilidad de sus datos personales.

‖ Derecho a la limitación en el tratamiento

Para que el interesado tenga derecho a la limitación en el tratamiento de los datos por parte del responsable del mismo, el **artículo 18 del RGPD** establece las siguientes condiciones:

- Que el interesado **impugne** la **exactitud** de los **datos personales** en un plazo que permita al responsable verificar la exactitud de los mismos.

- Que el **tratamiento** sea **ilícito** y el interesado se **oponga** a la **supresión** de los datos personales y solicite en su lugar la **limitación de su uso.**

- Que el responsable ya **no necesite los datos personales** para los fines del tratamiento, pero el **interesado los necesite** para la **formulación,** el **ejercicio** o la **defensa de reclamaciones.**

- Que el interesado se haya **opuesto al tratamiento** en virtud del artículo 21, apartado 1, mientras se verifica si los motivos legítimos del responsable prevalecen sobre los del interesado.

Cuando se limite el tratamiento de datos en base a estas circunstancias, los mencionados datos solo podrán ser objeto de **tratamiento**— con excepción de su conservación —con el **consentimiento del interesado** o para la **formulación, ejercicio** o **defensa** de **reclamaciones.** También podrán ser objeto de tratamiento con el propósito de **proteger los derechos de otra persona,** ya sea física o jurídica, o por **razones de interés público** importante de la Unión o de un Estado miembro determinado.

A TENER EN CUENTA. Todo interesado que haya conseguido la limitación del tratamiento de datos conforme a las condiciones anteriormente citadas será informado por el responsable del tratamiento antes del levantamiento de dicha limitación.

Derecho a no ser objeto de decisiones individuales automatizadas

El **artículo 22 del RGPD** señala que *«todo interesado tendrá derecho a* **no** *ser objeto de una decisión basada únicamente en el tratamiento automatizado, incluida la elaboración de perfiles, que produzca efectos jurídicos en él o le afecte significativamente de modo similar».* Pero **esto no será de aplicación en el caso de** que la decisión:

- Sea necesaria para la **celebración** o la **ejecución** de un **contrato** entre el interesado y un responsable de tratamiento.

- Esté autorizada por el **Derecho de la Unión** o de los **Estados miembros** que se aplique al responsable del tratamiento de datos y que establezca asimismo **medidas adecuadas** para la **salvaguardia** de los **derechos,** las **libertades** y los **intereses legítimos** del interesado.

- Se base en el **consentimiento explícito** del interesado.

En el supuesto en el que la decisión sea necesaria para la celebración o ejecución de un contrato entre el interesado y un responsable de tratamiento, o se base en el consentimiento explícito del interesado, el responsable del tratamiento adoptará **medidas adecuadas** para **salvaguardar** los **derechos, libertades e intereses legítimos** del interesado, como mínimo, el derecho a obtener una **intervención humana** por parte del responsable, a **expresar** su **punto de vista** y a **impugnar la decisión.**

JURISPRUDENCIA

Sentencia del Tribunal de Justicia de la Unión Europea nº C-634/21, de 7 de diciembre de 2023, ECLI:EU:C:2023:957

«Según dicho órgano jurisdiccional, es preciso determinar, a efectos de resolver el litigio del que conoce, si la generación de un valor de probabilidad como el controvertido en el litigio principal constituye una decisión individual automatizada, en el sentido del artículo 22, apartado 1, del RGPD. En su opinión, en caso afirmativo, la licitud de esa actividad estaría supeditada, con arreglo al artículo 22, apartado 2, letra b), de dicho Reglamento, al requisito de que tal decisión esté autorizada por el Derecho de la Unión o de los Estados miembros que se aplique al responsable del tratamiento.

21 A este respecto, el órgano jurisdiccional remitente alberga dudas en lo que se refiere a la tesis relativa a que el artículo 22, apartado 1, del RGPD no sea aplicable a la actividad de agencias como SCHUFA. Dicho órgano jurisdiccional basa sus dudas, desde un punto de vista fáctico, en la importancia de un valor de probabilidad como

---

el controvertido en el litigio principal en la toma de decisiones por los terceros a los que se transmite dicho valor de probabilidad y, desde un punto de vista jurídico, principalmente en los objetivos perseguidos por dicho artículo 22, apartado 1, y en las garantías de protección jurídica consagradas por el RGPD.

22 Más concretamente, el órgano jurisdiccional remitente señala que el valor de probabilidad es lo que normalmente determina si el tercero va a contratar con la persona de que se trate y cómo lo hará. Pues bien, el artículo 22 del RGPD precisamente tiene por objeto proteger a las personas contra los riesgos vinculados a las decisiones basadas meramente en un automatismo.

23 Sin embargo, según dicho órgano jurisdiccional, si el artículo 22, apartado 1, del RGPD debiera interpretarse en el sentido de que la condición de «decisión individual automatizada» solo puede reconocerse, en una situación como la controvertida en el litigio principal, a la decisión adoptada por el tercero respecto del interesado, de ello se derivaría una laguna en la protección jurídica. En su opinión, por un lado, una agencia como SCHUFA no está obligada a dar acceso a la información adicional a la que tiene derecho el interesado en virtud del artículo 15, apartado 1, letra h), del mencionado Reglamento, ya que dicha agencia no es la que adopta la «decisión automatizada», en el sentido de esta disposición y, en consecuencia, en el sentido del artículo 22, apartado 1, de dicho Reglamento. Por otro lado, el tercero al que se comunica el valor de probabilidad no puede facilitar esa información adicional, ya que no dispone de ella.

24 Así pues, según el órgano jurisdiccional remitente, para evitar tal laguna en la protección jurídica, es necesario que la generación de un valor de probabilidad como el controvertido en el litigio principal esté comprendida en el ámbito de aplicación del artículo 22, apartado 1, del RGPD.

25 El órgano jurisdiccional remitente afirma que si se adoptara esta interpretación, la licitud de dicha actividad quedaría supeditada a la existencia de una base jurídica en el Estado miembro de que se trate, de conformidad con el artículo 22, apartado 2, letra b), del mencionado Reglamento. En su opinión, en el presente asunto, si bien es cierto que el artículo 31 de la BDSG podría constituir esa base jurídica en Alemania, existen serias dudas respecto de la compatibilidad de esta disposición con el artículo 22 del RGPD, ya que el legislador alemán solo regula el «uso» de un valor de probabilidad como el controvertido en el litigio principal, y no la generación propiamente dicha de ese valor.

26 Por el contrario, si la generación de ese valor de probabilidad no constituye una decisión individual automatizada, en el sentido del artículo 22 del RGPD, la cláusula de apertura que figura en el apartado 2, letra b), de dicho artículo 22, según el órgano jurisdiccional remitente, tampoco se aplicaría a las normativas nacionales relativas a la referida actividad. Habida cuenta del carácter, en principio, exhaustivo del RGPD y a falta de otra competencia normativa para tales disposiciones nacionales, parece, en su opinión, que el legislador alemán, al someter la generación de valores de probabilidad a requisitos de licitud más estrictos en lo que se refiere al fondo, define la materia regulada yendo más allá de las exigencias enunciadas en los artículos 6 y 22 del RGPD, sin disponer de potestad normativa a estos efectos. Según dicho órgano jurisdiccional, si este punto de vista fuera correcto, se modificaría el margen de examen de la autoridad nacional de control, que entonces tendría que apreciar la compatibilidad de la actividad de las agencias de información comercial a la luz del artículo 6 de dicho Reglamento.

27 En estas condiciones, el Verwaltungsgericht Wiesbaden (Tribunal de lo Contencioso-Administrativo de Wiesbaden) decidió suspender el procedimiento y plantear al Tribunal de Justicia las siguientes cuestiones prejudiciales:

"1) ¿Debe interpretarse el artículo 22, apartado 1, del [RGPD] en el sentido de que la generación automatizada de un valor de probabilidad relativo a la capacidad futura de un interesado para satisfacer un préstamo constituye ya una decisión basada únicamente en el tratamiento automatizado, incluida la elaboración de perfiles, que produce efectos jurídicos en el interesado o lo afecta significativamente de modo similar, cuando dicho valor, hallado a partir de datos personales del interesado, es transmitido por el responsable del tratamiento a un tercero responsable del tratamiento y este tercero, de un modo determinante, basa en dicho valor su decisión sobre el establecimiento, la ejecución o la extinción de una relación contractual con el interesado?

2) En caso de respuesta negativa a la primera cuestión prejudicial:

¿deben interpretarse los artículos 6, apartado 1, y 22 del [RGPD] en el sentido de que se oponen a una normativa nacional que establece que el uso de un valor de probabilidad —en el presente asunto, respecto a la capacidad y la voluntad de pago de una persona física en el marco de la inclusión de información crediticia— relativo a un determinado comportamiento futuro de una persona física a efectos de una decisión sobre el establecimiento, la ejecución o la extinción de una relación contractual con dicha persona (scoring [calificación crediticia]) únicamente es admisible si se cumplen determinados requisitos adicionales, precisados en la fundamentación de la petición de decisión prejudicia"».

4.
PRÁCTICAS ABUSIVAS DE LAS EMPRESAS DE RECOBRO

¿Qué prácticas se consideran abusivas a la hora de reclamar deudas?

Además de la inclusión en los ficheros de morosos, es práctica habitual que, como medio extrajudicial para reclamar deudas, los acreedores contraten a empresas de recobro para requerir en su nombre esas cantidades debidas. Estos medios extrajudiciales suelen consistir en llamadas telefónicas, correspondencia, e-mail, burofax, de forma presencial —«cobrador del frac»—, etc.

Pero **¿dónde están los límites a la hora de utilizar este tipo de prácticas de reclamación de deuda?** Una pequeña aproximación a tales limites la podemos encontrar en resoluciones judiciales como las:

- **STS de 30 de diciembre de 1995, ECLI:ES:TS:1995:8126:** *«(…) es lo cierto que la forma de manifestarse la voluntad de la empresa reclamante, no deja lugar a dudas, por mucho que sea el deber de silencio del cartero, sobre su intencionalidad, de provocar eventualmente entre los convecinos - no se olvide que en la práctica suele ser el portero quien se encarga de distribuir la correspondencia por los buzones interiores -, el rumor sobre la morosidad del destinatario de la misiva, circunstancia que al margen de su certeza, por el hecho mismo de que pueda producirse la divulgación tiene por fin atemorizar y coaccionar al deudor por medios vejatorios para que pague la cantidad que se reclama».*

- **STS n.º 615/2004, de 1 de julio, ECLI:ES:TS:2004:4678**: *«La divulgación en determinadas circunstancias, de los datos concernientes a la morosidad del deudor (aunque sea cierta implica un vejamen o acción denigratoria que atentan contra la dignidad de la persona humana y lastiman y lesionan el honor del sujeto afectado. Ello es así porque habitualmente no suelen ser los sujetos desaprensivos y menos propicios al pago los que se avergüenzan con actos de esta naturaleza, sino aquellos que timoratos o más necesitados de la respetabilidad de las personas de su entorno se sienten intimidados por la posible censura social que menoscabe la estima o aprecio que, a su juicio, tienen los demás para con él».*

A continuación, analizaremos cada uno de los medios extrajudiciales que de forma habitual utilizan los acreedores y las empresas de recobro para la reclamación de deudas.

4.1. Llamadas, cartas, emails, requiriendo el pago de deudas

En primer lugar, debemos atender a lo establecido en el **artículo 172 ter del Código Penal**, que reza como sigue:

> «1. Será castigado con la pena de prisión de tres meses a dos años o multa de seis a veinticuatro meses **el que acose a una persona llevando a cabo de forma insistente y reiterada, y sin estar legítimamente autorizado**, alguna de las conductas siguientes y, de esta forma, altere el normal desarrollo de su vida cotidiana:
> (...)
> 2.ª **Establezca o intente establecer contacto con ella a través de cualquier medio de comunicación, o por medio de terceras personas**».

Así, en palabras del Tribunal Supremo, refiriéndose al delito de acoso que protege la libertad individual y el derecho a vivir tranquilo y sin zozobra, requiere que la acción del sujeto cause directamente una limitación transcendente en alguno de los aspectos integrantes de la libertad de obrar del sujeto pasivo, ya sea en la capacidad de decidir, ya en la capacidad de actuar (STS n.º 639/2022, de 23 de junio, ECLI:ES:TS:2022:2467).

Pero ¿qué podemos entender por «insistente» y «reiterada»? El Código Penal no concreta el número de actos intrusivos que pueden dar lugar al referido tipo penal. El **TS en su sentencia n.º 554/2017, de 12 de julio, ECLI:ES:TS:2017:2819** afirma, que deben darse las siguientes circunstancias:

- **Repetitivo** en el momento en que se inicia.

- **Reiterativo en el tiempo,** al repetirse diversas secuencias en tiempos distintos.

Además de las dos anteriores circunstancias, debe producirse una **grave alteración en la vida cotidiana** del deudor. En definitiva, debe darse **algo cualitativo superior a las meras molestias.** Así, establece el TS en la referida sentencia:

> «Por tanto, se está ante un delito de resultado en la medida en que se exige que las referidas conductas causen directamente una limitación trascendente en alguno de los aspectos integrantes de la libertad de obrar del sujeto pasivo, **ya sea en la capacidad de decidir, ya en la capacidad de actuar según lo ya decidido.** En definitiva, y como ya se ha dicho, que causen una alteración grave de su vida cotidiana».

Así, refiriéndose al delito de acoso que protege la libertad individual y el **derecho a vivir tranquilo y sin zozobra**, requiere que la acción del sujeto cause directamente una limitación transcendente en alguno de los aspectos integrantes de la libertad de obrar del sujeto pasivo, ya sea en la capacidad de decidir, ya en la capacidad de actuar (**STS n.º 639/2022, de 23 de junio, ECLI:ES:TS:2022:2467**).

Y, además de lo anterior, requiere que se dé la concurrencia de los siguientes elementos (**SSTS n.º 821/20003, de 5 de junio, ECLI:ES:TS:2003:3859 y n.º 1181/1997, de 3 de octubre, ECLI:ES:TS:1997:5846**):

- Una **actuación o conducta violenta** de contenido material, *vis física*, o intimidatoria, *vis compulsiva*, ejercida contra el sujeto pasivo, bien directamente o bien indirectamente a través de terceras personas.

- Un **resultado al que se orienta dicho *modus operandi***, que es el de impedir a alguien a hacer lo que la ley no prohíbe u obligarle a efectuar lo que no quiera.

- Un *animus* **tendencial** consistente en la voluntad de restringir de algún modo la libertad ajena para someterla a los deseos o criterios propios.

- La **ilicitud de la acción**, contemplada desde la perspectiva de la falta de cobertura legal para poder imponer dicha conducta.

- Una **menor intensidad**, que no permite encuadrar las coacciones en el ámbito delictivo.

Por lo tanto, las llamadas realizadas al deudor con la finalidad de cobro o recobro de una deuda deberán de cumplir con las características señaladas en los párrafos anteriores para poder considerarse abusivas, ya que no todas las comunicaciones que se realicen por parte del acreedor podrán considerarse coacción y por lo tanto constitutivas de un hecho delictivo.

Si bien, las empresas de recobros muchas veces se mueven en el límite de lo penalmente admisible, ya que cuando la técnica empleada genera en el deudor una situación de incomodidad que le lleva a pagar la deuda que, en muchos casos, sin tal presión no estaría dispuesto a pagar el crédito. En este sentido, es altamente ilustrativa por su claridad la **sentencia de la Audiencia Provincial de Teruel n.º 1/2013, de 18 de enero, ECLI:ES:APTE:2013:3**:

«(...) cuando **la técnica empleada va dirigida de modo directo o generar en el deudor una situación de incomodidad que le mueva a pagar el crédito que, sin tal presión, no estaría dispuesto a abonar**, utilizando medios proscritos, como por ejemplo **determinadas llamadas o conductas compulsivas, donde el requerimiento de pago se acompaña de intimaciones, amenazas más o menos veladas, se profieren en presencia de terceros, o s reiteran en demasía**, pues eso general del sujeto pasivo una "**vis psíquica**", **que le compele a realizar lo que no quiere, con independencia de que yo sea justo o injusto**, lo que integra el tipo del delito, o en su caso, de la falta de coacciones. Y ello es precisamente lo que ha ocurrido en el caso enjuiciado, donde la empresa denunciada, comisionada por otra del de telecomunicaciones, pretendiendo cobrar al denunciante una supuesta deuda, ha procedido a efectuar ha procedido a efectuar **hasta veintisiete llamadas al teléfono del denunciado, a razón de cuatro o cinco llamadas diarias consecutivas en el espacio de poco más de un mes, en las cuales se le intimaba al pago con la amenaza de reclamar la deuda judicialmente o incluirlo en un registro de morosos** (...)».

Así, el **Tribunal Supremo en su sentencia n.º 306/2001, de 2 de abril, ECLI:ES:TS:2001:2754,** señala que, «*Por muy deseable que sea la existencia de medios extrajudiciales para la efectividad de los derechos de crédito que se ostenten frente a terceros, ello no permite sustituir la fuerza coactiva de los Poderes Públicos por actuaciones privadas que atenten a la dignidad de las personas o invadan su intimidad*».

También, la ya mencionada **STS n.º 1181/1997, de 3 de octubre, ECLI:ES:TS:1997:5846,** afirma:

«Pues bien, a la luz de esta doctrina debe analizarse la actuación de empresas que, como la denunciada, se dedican al «cobro de morosos», y que no siempre se limitan a efectuar la interpelación en términos de legalidad, moviéndose en muchos casos al límite de lo penalmente admisible, cuando la técnica empleada va dirigida de modo directo o generar en el deudor una situación de incomodidad que le mueva a pagar el crédito que, sin tal presión, no estaría dispuesto a abonar, utilizando medios proscritos, como por ejemplo determinadas llamadas o conductas compulsivas, donde el requerimiento de pago se acompaña de intimaciones, amenazas más o menos veladas, se profieren en presencia de terceros, o se reiteran en demasía, pues eso general del sujeto pasivo una «vis psíquica», que le compele a realizar lo que no quiere, con independencia de que yo sea justo o injusto, lo que integra el tipo del delito, o en su caso, de la falta de coacciones. Y ello es precisamente lo que ha ocurrido en el caso enjuiciado, donde la empresa denunciada, comisionada por otra del de telecomunicaciones, pretendiendo cobrar al denunciante una supuesta deuda, ha procedido a efectuar ha procedido a efectuar hasta veintisiete llamadas al teléfono del denunciado, a razón de cuatro o cinco llamadas diarias consecutivas en el espacio de poco más de un mes, en las cuales se le intimaba al pago con la amenaza de reclamar la deuda judicialmente o incluirlo en un registro de morosos, conducta que viene justificada por la propia documentación aportada por la empresa denunciada unida a la declaración del denunciado, que como está Sala declarado en numerosas ocasiones en armonía con la doctrina sentada por Tribunal Supremo (Sentencias de 5 de Diciembre de 1994 y 24 de Octubre de 1995 , entre muchas otras) como el propio Tribunal Constitucional (Sentencias 160/90 , 229/91 y 64/94), practicada en el acto del juicio y con las debidas garantías constituye prueba testifical con eficacia suficiente para enervar la presunción de inocencia; lo que conduce necesariamente a desestimar el recurso y a confirmar íntegramente la resolución recurrida».

Ahora bien, **cuando la empresa de cobros se limita a acudir al posible deudor requiriéndole de pago no cabe hablar de coacción alguna** por ser evidente que tal conducta sería impune, **salvo que se empleen métodos de** presión que incidan de modo directo en la libre voluntad de la persona, un ejemplo de esto último sería indicarle al presunto deudor que en caso de no hacer frente al pago se le embargaran todos sus bienes o que en caso de no pagar podría acabar en prisión.

CUESTIÓN

¿Es legal llamar a familiares y personas cercanas del entorno del deudor, como amigos, para reclamar una deuda?

De acuerdo con el criterio de la Agencia Española de Protección de Datos sí es legal este tipo de acciones, pero siempre y cuando no se comunique la condición de deudor ni la cuantía de la deuda. La finalidad de dichas llamadas debe ser exclusivamente para intentar ponerse en contacto con el supuesto deudor.

En el mismo sentido la sentencia de la Audiencia Nacional rec. 394/2011, de 14 de marzo de 2013, ECLI:ES:AN:2013:1239, *«Por otra parte, el hecho de que Cofidis realizara numerosas llamadas a teléfonos de personas distintas de sus clientes, tanto de familiares o de «otros», tampoco tiene entidad por sí solo para acreditar la infracción apreciada, pues lo relevante (como la propia resolución impugnada viene a reconocer) es su contenido, es decir, que en dichas llamadas se revelaran datos personales de sus clientes y especialmente, información sobre su situación de morosidad y eso es lo que corresponde acreditar en cada caso a la citada Agencia Española de Protección de Datos y de las anotaciones obrantes en el Bloc de notas tampoco se desprende dicha revelación».*

4.2. *Stalking* a los deudores («cobrador del frac»)

La práctica habitual de este tipo de empresas de cobro o recuperación de deudas que utilizan el método presencial para intentar recuperar las cantidades debidas consiste en visitar al deudor y entregarle tarjetas de visita con el nombre de la empresa de recobro, tanto al propio deudor como a vecinos, familiares, etc., y a continuación, en caso de que no se satisfaga la deuda, realizar visitas continuas, algunas veces con trajes y vestimentas llamativas para no pasar desapercibidos.

Al respecto, la **Audiencia Provincial de Madrid en su sentencia n.º 113/2005, de 28 de marzo, ECLI:ES:APM:2005:3286**:

> «Es evidente que este tipo de gestiones de cobro llevadas a cabo de modo ostensible por personas vistiendo atuendo más o menos estrafalarios y llamativos destinados precisamente a llamar la atención, se muevan en el límite de lo penalmente admisible, pues la técnica empleada va dirigida de modo directo o generar en el deudor una situación de incomodidad que le mueva a pagar el crédito que, sin tal presión, no estaría dispuesto a abonar, o al menos no a hacerlo en el tiempo y en las condiciones que se le exigen. Pero el empleo de técnicas de presión sólo alcanza entidad penal si, por sus circunstancias, fuera técnicamente calificable de coacción, pues no podemos eludir esta calificación cuando de lo que se trata de conseguir es que una persona haga algo que no quiere hacer».

Es muy interesante también la sentencia de la **Audiencia Provincial de A Coruña n.º 164/2001, de 15 de noviembre, ECLI:ES:APC:2001:2828** en la que se analiza el caso de un empleado de este tipo de empresas que compareció en dos ocasiones con un vehículo y vestimentas propias de la empresa «El cobrador del frac» y durante un período de tiempo prolongado se dedicó a dar vueltas alrededor de la nave de la empresa del presunto deudor tocando el claxon insistentemente.

La sentencia del juzgado de primera instancia **estima que el comportamiento del empleado de la empresa de recobros no era constitutivo de un delito de coacciones, lo mismo entiende la Audiencia Provincial de A Coruña**, argumentando al respecto que **la coacción exige la concurrencia como requisito,** así como de *«(...) una conducta violenta de contenido material vis física, o intimidativa, vis compulsiva, ejercida contra el sujeto pasivo, bien de modo directo o indirecto a través de terceras personas o incluso a través de las cosas, y si bien el requisito de «violencia» que el tipo penal exige que acompañe al impedimento o a la compulsión ha sido objeto de la interpretación finalista reseñada, no cabe, en detrimento del principio de legalidad penal, extender su ámbito de aplicación cualquier tipo de conducta que acompañe una actuación dirigida a obtener un determinado comportamiento del destinatario de la acción, y en el caso objeto de enjuiciamiento la presencia del vehículo del cobrador merodeando de modo ostensible y repetido junto a la nave de la empresa de la denunciante llamando la atención con el claxon de las personas que allí se hallasen al tiempo que gritaba paga, paga- como resultó de las declaraciones prestadas en juicio, no puede reputarse un empleo de medios de intensidad asimilable al uso de violencia que el tipo penal exige para el castigo del hecho.*

Si bien, la AP **entiende que tal conducta sí reúne los elementos necesarios para su consideración como vejación injusta,** pues a través de tal actitud se busca intencionalmente señalar a la persona objeto de la gestión que desarrolla el cobrador como moroso, *«(...) como persona que no cumple con sus compromisos y deudas, **menoscabando ante quienes perciban la actuación del cobrador o sepan de la misma su crédito personal o comercial de una forma evidentemente molesta y generadora de malestar y obstaculización para el normal desarrollo de su actividad.** Junto al carácter vejatorio concurre la injusticia de la conducta, pues nada consta sobre la certeza o realidad de la deuda que se quiere cobrar y en cualquier caso las vías legítimas y establecidas por el ordenamiento jurídico para obtener su reconocimiento y efectividad en absoluto son las de hecho llevadas a cabo y que son objeto de enjuiciamiento».*

También, señala la mencionada sentencia:

> «Sin dejar de reconocerse la disparidad jurisprudencial respecto de comportamientos como el enjuiciado en los que **sin constatarse actuaciones claramente insultantes o amenazantes,** se enjuicia que personas externamente uniformadas con la apariencia conocida en el concepto común como correspondiente a empresas de cobro de morosos hagan partícipe de modo notorio de su presencia al público que pudiera hallarse en el establecimiento o lugar donde se encuentra la persona a la que

dirigen sus gestiones, pudiendo citarse al respecto, en casos sustancialmente parecidos sentencias como las de AP Granada, sec. 2ª, 26-4-2000 o AP Valencia 7-12-1999, que consideraron los hechos constitutivos de una infracción de vejación injusta; las de AP Zaragoza, sec 1ª, 26-10-1998, AP Granada, sec. 2ª, 3-9-1998 o AP Valladolid, sec. 2ª, 13-4-2000, que los consideraron una falta de coacciones; la de AP Alicante, sec. 2ª, 8-3-1999, que los reputaron una falta de injurias leves; o las AP Toledo, sec 1ª, 24-3-2000 o AP Sevilla, sec 1ª, 25-11-1998, que siguieron el mismo criterio absolutorio que la sentencia ahora recurrida».

Por lo que, en estos casos **es muy importante probar los hechos alegados**, ya que **no siempre que «El cobrador del frac» se interese por el cobro de una deuda puede hablarse de infracción penal**, si no se acredita suficientemente que utilizó medios legalmente proscritos (**sentencia de la Audiencia Provincial de Valencia n.º 379/2011, de 13 de junio, ECLI:ES:APV:2011:2978**).

La **sentencia de la Audiencia Provincial de Badajoz n.º 173/2010, de 14 de septiembre, ECLI:ES:APBA:2010:937**, reza al respecto el tenor literal siguiente:

> «El relato de hechos probados, que debe permanecer incólume, y en sintonía con los elementos probatorios aludidos que fueron aportados al Juicio, lleva a la absoluta convicción, de la juzgadora de instancia y a la de esta Sala, de la humillación y efectos pretendidos con las expresiones proferidas y las amenazas, del que se desprende un maltrato psicológico siquiera pueda considerarse de carácter leve, con la finalidad o como instrumento para conseguir el cobro pretendido de la deuda»

Además de los ilícitos penales analizados en los párrafos anteriores, este tipo de empresas con sus actuaciones pueden realizar una intromisión ilegítima en el derecho al honor. Una sentencia interesante al respecto es la **STS n.º 306/2001, de 2 de abril, ELCI:ES:TS:2001:2754**, donde la sala entiende que **existe una intromisión ilegítima en el derecho al honor de una persona cuando un trabajador de una empresa de recobros se persona en tres ocasiones en el restaurante**, negocio regentado por el presunto deudor, haciéndolo en **un vehículo rotulado con «El cobrador del frac», dejándolo estacionado en sus inmediaciones, y además acude** —al negocio— cuando **el mismo está lleno de clientes y permanece dentro del establecimiento un cierto período de tiempo, haciendo de esta manera ostentación de su presencia**, y preguntando en tono brusco a los empleados del restaurante por el presunto deudor. A mayor abundamiento, en una de las ocasiones llegó a reclamar en voz alta y en presencia de los clientes y empleados la deuda.

Por otra parte, otro empleado de la empresa de recobros también se personó en el propio domicilio del presunto deudor haciéndolo en el mismo vehículo y de la misma forma ostentosa que cuando se personaba en el negocio, dejando varias tarjetas de visita con el logotipo «El cobrador del frac» y con el nombre del deudor, en el cristal del portal del edificio, en el buzón y en la puerta de la vivienda además de llamar por el interfono para preguntar por el citado deudor.

Por lo que, a la vista de los anteriores hechos el Tribunal Supremo señala que:

«El vejamen o acción denigratoria que medios como los descritos entrañan, atentan contra la dignidad de la persona humana y lastiman y lesionan el honor del sujeto afectado. Por explicables que resulten conductas similares ante la lentitud y carestía de la Justicia (que obligan a los Poderes Públicos a repensar sobre la proliferación de estos instrumentos coactivos y la necesidad de establecer remedios), no cabe desconocer el componente coercitivo de las mismas, fuera de los cauces legalmente establecidos por las leyes procesales, ya que la situación de hecho que las origina, aún admitiendo la morosidad del destinatario sólo cabe resolverla mediante el ejercicio de las acciones correspondientes ante los Juzgados y Tribunales, y no, desde luego, ignorando la privaticidad de la correspondencia como ámbito de extensión reservada a la intimidad personal".

La doctrina que inspira esta sentencia de 30 de diciembre de 1995 aplicada a los hechos ahora enjuiciados determina la desestimación del recurso interpuesto por Norcobros, S.L.. En el caso no se está juzgando, como parece entender la recurrente, sin duda por la mecánica reproducción en la fundamentación del recurso de alegaciones de su escrito de contestación a la demanda que no afectan a este recurso, la licitud de la actividad comercial que desarrolla ni la formación de un archivo de datos con los que le son facilitados por sus clientes y con la finalidad de ejercitar esa actividad mercantil sometida a la correspondiente normativa, sino que lo que está en cuestión es la actuación concreta de los empleados de la demandada-recurrente en la exigencia del pago de la deuda por los actores recurridos. Por muy deseable que sea la existencia de medios extrajudiciales para la efectividad de los derechos de crédito que se ostenten frene a terceros, ello no permite sustituir la fuerza coactiva de los Poderes Públicos por actuaciones privadas que atenten a la dignidad de las personas o invadan su intimidad. En el caso, **es evidente el ánimo coactivo que presidió la actuación de los empleados de la recurrente, tendente a que las personas que se encontraban presentes en el establecimiento y los vecinos de los demandantes tuvieran conocimiento de la presunta morosidad de los recurridos. No pueden quedar justificadas por los usos sociales y menos aún por la ley, conductas como las descritas que tienen un evidente carácter intimidante o vejatorio. Por todo ello procede la desestimación del motivo único del recurso».

5.
RECLAMACIÓN DE INDEMNIZACIONES POR INCLUSIÓN INDEBIDA EN REGISTROS DE MOROSOS

¿Existe un derecho a indemnización en caso de inclusión en un fichero de morosos?

En primer lugar, cabe dejar claro, de acuerdo con lo dispuesto en numerosas sentencias del Tribunal Supremo, que la atribución a una persona de la condición de «moroso», y la comunicación de esta circunstancia a terceras personas, **afecta al honor de la persona a la que se realiza la imputación, porque existe una valoración social negativa de las personas incluidas en estos registros y porque la imputación de ser «moroso» lesiona la dignidad de la persona,** menoscaba su fama y atenta a su propia estimación (**STS n.º 284/2009, de 24 de abril, ECLI:ES:TS:2009:2227**).

También habrá que tener en cuenta a la hora de valorar si la inclusión en un fichero de morosos es indemnizable, el daño **patrimonial causado** y, dentro del mismo, tanto los daños patrimoniales concretos, fácilmente verificables y cuantificables (por ejemplo, el derivado de que el afectado hubiera tenido que pagar un mayor interés por conseguir financiación al estar incluidos sus datos personales en uno de estos registros), como los **daños patrimoniales más difusos pero también reales e indemnizables, como son los derivados de la imposibilidad o dificultad para obtener crédito o contratar servicios** (puesto que este tipo de registros está destinado justamente a advertir a los operadores económicos de los incumplimientos de obligaciones dinerarias de las personas cuyos datos han sido incluidos en ellos) y también los **daños derivados del desprestigio y deterioro de la imagen de solvencia personal y profesional causados por dicha inclusión en el registro,** cuya cuantificación ha de ser necesariamente estimativa (**STS n.º 81/2015, de 18 de febrero, ECLI:ES:TS:2015:557**).

En sentido contrario a lo señalado en el párrafo anterior, la **STS n.º 512/2017, de 21 de septiembre, ECLI:ES:TS:2017:3322** establece que a la hora de establecer la indemnización **no hay que tener en cuenta que la inclusión de una persona en un fichero de solvencia patrimonial le haya**

impedido acceder a créditos y servicios, pues, precisamente la información sobre incumplimiento de obligaciones dinerarias que se incluye en estos registros va destinada justamente a las empresas asociadas a dichos ficheros, que no solo les comunican los datos de sus clientes morosos, sino que también los consultan cuando alguien solicita sus servicios para evitar contratar y conceder crédito a quienes no cumplen sus obligaciones dinerarias.

Es decir, en los supuestos de inclusión de los datos de una persona en un registro de morosos, sería indemnizables:

- **Aspecto interno o subjetivo**: la afectación a la dignidad.

- **Aspecto externo u objetivo**: relativo a la consideración de las demás personas. Para valorar este aspecto, ha de tomarse en consideración la divulgación que ha tenido tal dato, pues no es lo mismo que solo hayan tenido conocimiento los empleados de la empresa acreedora y los de las empresas responsables de los registros de morosos que manejan los correspondientes ficheros, a que el dato haya sido comunicado a un número mayor o menor de asociados al sistema que hayan consultado los registros de morosos.

¿Qué criterios se utilizarán a la hora de calcular la indemnización?

Son elementos a tomar en consideración para fijar la indemnización los siguientes:

- El **tiempo** que el presunto deudor ha permanecido incluido como moroso en el fichero.

- La **difusión** que han tenido los datos incluidos en el fichero mediante su comunicación a quienes los han consultado.

- **Quebranto y angustia producida** por el proceso más o menos complicado que haya que tenido que seguir la persona afectada para la rectificación o cancelación de los datos incorrectamente tratados.

Lo anterior concuerda con lo establecido en el **artículo 9.3 de la Ley Orgánica 1/1982, de 5 de mayo, de protección civil del derecho al honor, a la intimidad personal y familiar y a la propia imagen**, que reza como sigue:

> «La existencia de perjuicio se presumirá siempre que se acredite la intromisión ilegítima. La indemnización se extenderá al daño moral, que se valorará atendiendo a las circunstancias del caso y a la gravedad de la lesión efectivamente producida, para lo que se tendrá en cuenta, en su caso, la difusión o audiencia del medio a través del que se haya producido».

Así, a modo de ejemplo en cuanto al *quantum* indemnizatorio, cabe citar las siguientes sentencias:

- **Sentencia de la Audiencia Provincial de Barcelona n.º 659/2017, de 5 de octubre, ECLI:ES:APB:2017:12616**: la audiencia fija una indemnización de **10.000 euros** atendiendo a los siguientes extremos:

  – Inclusión en dos ficheros de morosos.

  – Permanencia en los ficheros por un período superior a un año.

- Consulta de los datos personales del demandante por parte de cuatro entidades.
- Necesidad de formular demanda para conseguir la correspondiente cancelación.

- **Sentencia de la Audiencia Provincial de Asturias n.º 506/2017, de 9 de noviembre, ECLI:ES:APO:2017:2975:** la audiencia en este caso tuvo en cuenta que la duración de la inclusión de los datos del actor en el fichero de solvencia patrimonial, se prolongó durante más de año y medio y en otro fichero de la misma índole por más de seis meses, no contando su cancelación, siendo consultado uno por siete entidades distintas y el otro por cuatro entidades, si bien, no consta la denegación de ningún crédito al demandante. Se fijó en este caso una indemnización de 7.500 euros.

- **Sentencia de la Audiencia Provincial de León n.º 81/2019, de 15 de marzo, ECLI:ES:APLE:2019:240:** en este supuesto, **las consultas al fichero de solvencia patrimonial fueron quince en un intervalo de cinco años y cuatro meses** y en el que hubo **casi tres años de absoluta ausencia de consultas**, lo que da idea de que el demandante no se vio envuelto durante todo ese tiempo en situaciones de angustia y zozobra personal como consecuencia de la inclusión de sus datos personales en un fichero de solvencia, así la audiencia fija la indemnización en este caso en **6.000 euros**.

- **Sentencia del Tribunal Supremo n.º 604/2018, de 6 de noviembre, ECLI:ES:TS:2018:3710:** en el presente caso no constaban consultas efectuadas a los datos inscritos en el fichero de solvencia patrimonial y, por ende, el potencial peligro por su difusión, a efectos de adquisición de bienes de consumo, se une además que se trata de persona jubilada y sin actividad profesional o empresarial que pudiese verse afectada, considerando que de las circunstancias que se dan que no puede calificarse de simbólica la cantidad que fija la sentencia recurrida de **1.000 euros**, ni tampoco de poco disuasoria para la empresa, pues supera suficientemente el beneficio obtenido por la financiación o venta a plazos del bien.

- **Sentencia del Tribunal Supremo n.º 592/2021, de 9 de septiembre, ECLI:ES:TS:3295:** el demandante fue incluido en dos ficheros de solvencia patrimonial diferentes, uno el 5 de julio de 2017 y en otro el 13 de julio de 2015 y, en fecha 4 de abril de 2017 permanecía dado de alta en el primero y a fecha 24 de marzo de 2017 lo seguía estando en el segundo. Según el histórico de consultas, en uno de ellos los datos del demandante fueron consultados en ocho ocasione y en otro de los ficheros nueves meses en los últimos seis meses. La demandada no ha admitido en ningún momento su improcedente actuación y el demandante tuvo que recurrir a los tribunales en defensa de su derecho al honor. Por todo ello, el TS consideró procedente la concesión de una indemnización por daño moral en la cuantía reclamada de **7.000 euros**.

- **Sentencia del Tribunal Supremo n.º 248/2023, de 14 de febrero, ECLI:ES:TS:2023:446**: en este caso se realizaron seis consultas y el demandante permaneció en el registro de solvencia patrimonial más de un año, no constando perjuicio económico concreto, pero sí difuso, intentando extrajudicialmente la cancelación sin éxito, y no se acreditó tampoco la extinción de la deuda, por lo que en este supuesto el TS fija una indemnización de **3.000 euros** como proporcionada a las circunstancias del caso.

A TENER EN CUENTA. La escasa cuantía de la deuda no disminuye la importancia del daño moral que se cause por la inclusión en los registros de morosos (STS n.º 130/2020, de 27 de febrero, ECLI:ES:TS:2020:655).

CUESTIÓN

¿Qué ocurrirá en cuanto a la indemnización en los casos en los que no exista una prueba objetiva para valorar el daño moral producido por la inclusión en un fichero patrimonial?

El Tribunal Supremo en su sentencia n.º 3152/2014, de 5 de junio, ECLI:ES:TS:2014:2256, apunta que dada la presunción *iuris et de iure*, esto es, no susceptible de prueba en contrario, de existencia de perjuicio indemnizable, el hecho de que la valoración del daño moral no pueda obtenerse de una prueba objetiva no excusa ni imposibilita legalmente a los tribunales para fijar su cuantificación, a cuyo efecto ha de tenerse en cuenta y ponderar las circunstancias concurrentes en cada caso. Se trataría, por tanto, de una valoración estimativa, que en el caso de daños morales derivados de la vulneración de un derecho fundamental ha de atender a los parámetros previstos en el art. 9.3 de la Ley Orgánica 1/1982, de acuerdo con la incidencia que en cada caso tengan las circunstancias relevantes para la aplicación de tales parámetros, utilizando criterios de prudente arbitrio.

La inclusión de los datos de una persona en un registro de morosos sin cumplirse los requisitos establecidos sería indemnizable en primer lugar la afectación a la dignidad en su aspecto interno o subjetivo, y en el externo u objetivo relativo a la consideración de las demás personas.

Es importante señalar que, las indemnizaciones **no deben basarse en una cantidad simbólica**, así lo ha dejado claro numerosa jurisprudencia, y la razón de ser de tal afirmación es que **una cantidad simbólica para resarcir un daño moral, no disuade para persistir en sus prácticas ilícitas a las empresas que incluyen indebidamente datos personales de sus clientes en registros de morosos**, pero **sí disuade de presentar una demanda a los afectados** que ven vulnerado su derecho al honor, puesto que, con toda probabilidad, la indemnización no solo no les compensará el daño moral sufrido, sino que es posible que no alcance siquiera a cubrir los gastos procesales si la estimación de su demanda no es completa (**STS n.º 512/2017, de 21 de septiembre, ECLI:ES:TS:2017:3322**).

6.
PROCEDIMIENTO DE RECLAMACIÓN CONTRA LA INCLUSIÓN INDEBIDA EN UN REGISTRO DE MOROSOS

Inclusión indebida en un fichero de morosos, ¿qué acciones tenemos?

En primer lugar y, como ya se ha señalado en puntos anteriores, existen los derechos «ARSO» (anteriormente denominados derechos «ARCO») que engloban el derecho de acceso, derecho de rectificación, derecho de supresión (anteriormente cancelación) y derecho de oposición, que pueden ejercer los afectados ante el encargado del tratamiento.

6.1. Acciones ante la AEPD

Denuncia ante la AEPD por inclusión en un registro de morosos

La Agencia Española de Protección de Datos ha resuelto numerosos procedimientos sancionadores **por incumplimiento de calidad de datos en relación con ficheros de morosidad**, tanto por el alta improcedente al tratarse de una deuda incierta, o por mantener los mismos una vez abonada la deuda:

- **Requisito material**: exactitud del dato.
- **Requisito formal**: requerimiento previo de la deuda.

CUESTIÓN

¿Es posible que la AEPD inadmita una reclamación a pesar de que tuviera conocimiento de la comisión de una infracción leve?

En la valoración de las infracciones leves, el artículo 65, apartado 3, de la LOP-DGDD dispone que la AEPD puede inadmitir una reclamación que le sea planteada cuando el responsable o encargado del tratamiento, previa advertencia formulada

---

por tal autoridad hubiera adoptado las medidas correctivas encaminadas a poner fin al posible incumplimiento de la legislación de protección de datos y concurra alguna de las siguientes circunstancias:

– Que no se haya causado perjuicio al afectado en el caso de las infracciones previstas en el artículo 74 de esta ley orgánica.

– Que el derecho del afectado quede plenamente garantizado mediante la aplicación de las medidas.

‖ Consecuencias de infringir la normativa de protección de datos

El **artículo 82 del RGPD** reconoce el derecho a indemnización por los daños materiales e inmateriales sufridos como consecuencia de una infracción de la normativa en protección de datos por parte del responsable o encargado del tratamiento. Asimismo, estos sujetos también responderán de los daños y perjuicios causados en las operaciones de tratamiento que no cumplan con lo establecido en el RGPD, quedando exentos si demostraran que no son los responsables del hecho causante.

A este respecto es importante citar la **sentencia del TJUE dictada en el asunto C-300/21, de 4 de mayo de 2023, ECLI:EU:C:2023:370**, que se pronuncia sobre la interpretación del art. 82.1 del RGPD y entiende que la mera infracción de las disposiciones de dicho reglamento no es suficiente para reconocer un derecho a indemnización, si no que la interpretación literal del artículo nos lleva a entender necesarios tres requisitos:

• Tratamiento de datos personales en infracción de las disposiciones del RGPD.

• Daños y perjuicios sufridos por el interesado.

• Una relación de causalidad entre dicho tratamiento ilícito y esos daños y perjuicios.

Fundamentándose en lo anterior, se establece una regulación exhaustiva de un sistema sancionador que castiga la comisión de infracciones en materia de protección de datos, reconociendo la imposición de multas administrativas. A tal efecto, el **artículo 83 del RGPD** establece que la autoridad de control tiene que garantizar que las multas se apliquen de manera individual a cada caso, así como, que sean efectivas, proporcionadas y disuasorias. Asimismo, en su séptimo apartado indica que *«sin perjuicio de los poderes correctivos de las autoridades de control en virtud del artículo 58, apartado 2, cada Estado miembro podrá establecer normas sobre si se puede, y en qué medida, imponer multas administrativas a autoridades y organismos públicos establecidos en dicho Estado miembro»*.

Esta norma termina su capítulo VIII, relativo a los «Recursos, responsabilidad y sanciones», con el **artículo 84 del RGPD** que reconoce la potestad de los Estados miembros para establecer sus propias normas en materia de sanciones aplicables a las infracciones de tal reglamento, *«(...) en particular las infracciones que no se sancionen con multas administrativas de conformidad con el artículo 83, y adoptarán todas las medidas necesarias para garantizar su observancia. Dichas sanciones serán efectivas, proporcionadas y disuasorias»*.

Atendiendo al citado precepto, el **artículo 76 de la LOPDGDD** recoge:

«1. Las sanciones previstas en los apartados 4, 5 y 6 del artículo 83 del Reglamento (UE) 2016/679 se aplicarán teniendo en cuenta los criterios de graduación establecidos en el apartado 2 del citado artículo.

2. De acuerdo a lo previsto en el artículo 83.2.k) del Reglamento (UE) 2016/679 también podrán tenerse en cuenta:

a) El **carácter continuado de la infracción.**

b) La **vinculación de la actividad del infractor con la realización de tratamientos de datos personales.**

c) Los **beneficios obtenidos como consecuencia de la comisión de la infracción.**

d) La **posibilidad de que la conducta del afectado hubiera podido inducir a la comisión de la infracción.**

e) La existencia de un proceso de fusión por absorción posterior a la comisión de la infracción, que no puede imputarse a la entidad absorbente.

f) La afectación a los derechos de los menores.

g) Disponer, cuando no fuere obligatorio, de un delegado de protección de datos.

h) El **sometimiento por parte del responsable o encargado, con carácter voluntario, a mecanismos de resolución alternativa de conflictos,** en aquellos supuestos en los que existan controversias entre aquellos y cualquier interesado.

3. Será posible, complementaria o alternativamente, la adopción, cuando proceda, de las restantes medidas correctivas a las que se refiere el artículo 83.2 del Reglamento (UE) 2016/679.

4. Será objeto de publicación en el Boletín Oficial del Estado la información que identifique al infractor, la infracción cometida y el importe de la sanción impuesta cuando la autoridad competente sea la Agencia Española de Protección de Datos, la sanción fuese superior a un millón de euros y el infractor sea una persona jurídica.

Cuando la autoridad competente para imponer la sanción sea una autoridad autonómica de protección de datos, se estará a su normativa de aplicación».

Y **¿cómo se llevará a cabo el cálculo de la multa?** El cálculo del importe de la multa **queda a discreción de la autoridad de control, con sujeción a las normas previstas en el RGPD,** con el fin de armonizar la metodología que utilizan estas autoridades al calcular el importe de la multa. El Consejo Europeo de Protección de datos (CEPD) ha adoptado, el 24 de mayo de 2023, las Directrices 04/2022 sobre el cálculo de las multas bajo el RGPD. Dicha metodología consiste en cinco pasos:

- **Paso 1.** Identificación de las operaciones de tratamiento en el caso y evaluación de la aplicación del art. 83.3 del RGPD. Esto es, el primer paso consiste en identificar la conducta e infracciones en que se basa la multa, teniendo en cuenta que pueden darse casos de infracciones concurrentes. Por lo tanto, es importante establecer primero:

  - Si las circunstancias deben considerarse o no como una o múltiples conductas sancionables.

- En caso de una conducta, si esta conducta da lugar o no a una o varias infracciones.

- En caso de una conducta que dé lugar a múltiples infracciones, la imputación de una infracción excluye la atribución de otra infracción o si deben imputarse entre sí.

- **Paso 2.** Encontrar el punto de partida para el cálculo posterior basado en una evaluación de:

   - La clasificación en el art. 83, apartados 4 a 6, del RGPD.

   - La gravedad de la infracción con arreglo al art. 83.2 letras a), b) y g) del RGPD.

   - El volumen de negocios de la empresa como un elemento pertinente a tener en cuenta con vistas a imponer una multa efectiva, disuasoria y proporcionada, de conformidad con el art. 83.1 del RGPD.

- **Paso 3.** Evaluar las circunstancias agravantes y atenuantes relacionadas con el comportamiento pasado o presente del responsable/encargado del tratamiento y aumentar o disminuir la multa en consecuencia.

- **Paso 4.** Identificación de los máximos legales pertinentes para las diferentes operaciones de tratamiento. Los aumentos aplicados en pasos anteriores o siguientes no pueden exceder esta cantidad.

- **Paso 5.** Analizar si el importe final de la multa calculada cumple los requisitos de efectividad, disuasión y proporcionalidad, tal como exige el art. 83.1 del RGPD y aumentando o disminuyendo la multa en consecuencia.

A TENER EN CUENTA. A lo largo de los pasos mencionados, debe tenerse en cuenta que el cálculo de una multa no es un mero ejercicio matemático. Más bien, las circunstancias del caso específico son los factores determinantes que conducen a la cantidad final, que puede ser, en todos los casos, cualquier cantidad hasta el máximo legal e incluido.

Régimen sancionador en materia de protección de datos de carácter personal

Conforme al **artículo 70 de la LOPDGDD**, están sujetos al régimen sancionador:

- Los responsables de los tratamientos.

- Los encargados de los tratamientos.

- Los representantes de los responsables o encargados de los tratamientos no establecidos en el territorio de la Unión Europea.

- Las entidades de certificación.

- Las entidades acreditadas de supervisión de los códigos de conducta.

Estando no sujetos, los delegados de protección de datos.

Asimismo, de manera sucinta, debemos saber que las infracciones se dividen en:

- **Leves**:
  - Se regulan en el art. 74 de la LOPDGDD.
  - Son aquellas de carácter meramente formal.
  - Prescriben al año.
- **Graves**:
  - Se regulan en el art. 73 de la LOPDGDD.
  - Son aquellas que suponen una vulneración sustancial de los hechos mencionados en el art. 83, apartado 4, del RGPD y en el art. 73 de la LOPDGDD.
  - Prescriben a los dos años.
- **Muy graves**:
  - Se regulan en el art. 72 de la LOPDGDD.
  - Son aquellas que suponen una vulneración sustancial de los hechos mencionados en el art. 83, apartado 5, del RGPD y en el art. 72 de la LOPDGDD.
  - Prescriben a los tres años.

Pero **¿qué criterios se seguirán a la hora de imponer una multa?** En cuanto a los criterios en la imposición de multas administrativas, el **artículo 83.2 del RGPD** configura las siguientes normas:

- Las multas se impondrán **atendiendo a las circunstancias de cada caso individual.**
- Las **multas podrán imponerse a título adicional o sustitutivo de las medidas acordadas por la autoridad de control en virtud de su poder correctivo** (medidas señaladas en el art. 58.2 del RGPD).

Asimismo, se deberá tener en cuenta al decidir la imposición de la multa:

- La **naturaleza, gravedad y duración de la infracción**, teniendo en cuenta la naturaleza, alcance o propósito de la operación de tratamiento de que se trate, así como el número de interesados afectados y el nivel de los daños y perjuicios que hayan sufrido.
- La **intencionalidad o negligencia** en la infracción.
- **Cualquier medida tomada por el responsable o encargado del tratamiento** para paliar los daños y perjuicios sufridos por los interesados.
- El **grado de responsabilidad del responsable o del encargado del tratamiento**, habida cuenta de las medidas técnicas u organizativas que hayan aplicado en virtud de los artículos 25 (Protección de datos desde el diseño y por defecto) y 32 del RGPD (Seguridad del Tratamiento).
- Toda **infracción anterior cometida por el responsable o el encargado** del tratamiento.

- El **grado de cooperación con la autoridad de control** con el fin de poner remedio a la infracción y mitigar los posibles efectos adversos de la infracción.

- Las **categorías de los datos de carácter personal afectados** por la infracción.

- La **forma en que la autoridad de control tuvo conocimiento de la infracción**, en particular si el responsable o el encargado notificó la infracción y, en tal caso, en qué medida.

- El **cumplimiento de las medidas indicadas en el artículo 58, apartado 2, del RGPD** cuando hayan sido ordenadas previamente en relación con el mismo asunto.

- La **adhesión a códigos de conducta o a mecanismos de certificación.**

- **Cualquier otro factor agravante o atenuante aplicable a las circunstancias del caso,** como los beneficios financieros obtenidos o las pérdidas evitadas, directa o indirectamente, a través de la infracción.

6.2. La vía judicial

Reclamaciones en vía judicial contra la inclusión en un fichero de morosos

En caso de que como consecuencia de la inclusión en un fichero de solvencia patrimonial la persona considere que se han visto afectados sus derechos fundamentales se podrá acudir a la vía judicial.

En el **ordinal 2° del artículo 249.1 de la Ley de Enjuiciamiento Civil** es donde nuestro ordenamiento jurídico sienta el cauce legal que habrá de seguirse en la tutela civil del derecho al honor, a la intimidad y a la propia imagen:

> «1. Se decidirán en el juicio ordinario, cualquiera que sea su cuantía:
> (...) 2.º Las que pretendan la tutela del derecho al honor, a la intimidad y a la propia imagen, y las que pidan la tutela judicial civil de cualquier otro derecho fundamental, salvo las que se refieran al derecho de rectificación. En estos procesos, será siempre parte el Ministerio Fiscal y su tramitación tendrá carácter preferente».

Así pues, habremos de estar a la regulación dada en los artículos 399 a 436 de la Ley de Enjuiciamiento Civil, preceptos reguladores del **juicio ordinario.**

Conforme a lo dispuesto en el mentado precepto este proceso tendrá carácter preferente y en el mismo será siempre parte el Ministerio Fiscal.

Ostentarán la **legitimación activa** los titulares de los derechos protegidos en el ámbito de la Ley Orgánica 1/1982, de 5 de mayo, frente a los que se hayan producido las intromisiones ilegítimas establecidas en la misma ley orgánica.

A estos efectos, recordamos que podrán ser titulares de los derechos de protección al honor, a la intimidad y a la propia imagen las personas físicas y jurídicas a excepción del Estado y, en general, las personas jurídicas de Derecho público no tienen, como regla, derechos fundamentales, sino competencias.

Asimismo, y como ya hemos visto, también ostentarán legitimación, en aquellos supuestos en los que el **titular del derecho haya fallecido**, los sujetos previstos en el art. 6 de la Ley Orgánica 1/1982, de 5 de mayo.

Por su parte, la **legitimación pasiva** corresponderá a la persona física o jurídica que haya llevado a cabo la intromisión ilegítima, causante del daño.

En lo que concierne a la **competencia territorial**, habrá que estar a lo dispuesto en el apdo. 6 del artículo 52.1 de la Ley Enjuiciamiento Civil: *«En materia de derecho al honor, a la intimidad personal y familiar y a la propia imagen y, en general, en materia de protección civil de derechos fundamentales, será competente el tribunal del domicilio del demandante, y cuando no lo tuviere en territorio español, el tribunal del lugar donde se hubiera producido el hecho que vulnere el derecho fundamental de que se trate»*. Se fija así como fuero principal el del domicilio del demandante que alega conculcación de un derecho fundamental, por considerarlo el más idóneo al objeto no solo de evaluar el real perjuicio sufrido, también de poder oír directamente a los testigos o personas que puedan dar razón de conocimiento del menoscabo producido en el ámbito personal, familiar o profesional del afectado (**SAP de Palencia n.º 129/2005, de 4 de mayo, ECLI:ES:APP:2005:125**).

En el caso de obtener una **sentencia estimatoria**, junto al reconocimiento del derecho vulnerado, la sentencia ordenará las medidas necesarias a adoptar al objeto del restablecimiento del derecho vulnerado por la intromisión, el cese inmediato de la misma y la reposición al estado anterior. En cuanto a los medios de impugnación, cabrá interponer los recursos ordinarios (apelación y casación) y, en su caso, el recurso constitucional de amparo.

6.3. Caducidad de la acción

|| **Caducidad de las acciones de protección del derecho al honor**

El plazo para el ejercicio de las acciones de protección de derecho al honor por indebida inclusión en el fichero de solvencia económica es de **4 años desde que el o la legitimario/a pudo ejercitarlas** de acuerdo con el **artículo 9.5 de la Ley Orgánica 1/1982, de 5 de mayo**:

> «Las acciones de protección frente a las intromisiones ilegítimas caducarán transcurridos cuatro años desde que el legitimado pudo ejercitarlas».

Pero **¿es un plazo de prescripción o de caducidad?** La jurisprudencia entiende que la naturaleza del plazo contemplado en el referido artículo 9.5 de la LO 1/1982, de 5 de mayo es de caducidad, y como tal, no es susceptible de interrupción, por lo que habrá que tener en cuenta que ni un eventual procedimiento penal ni la incoación de un expediente sancionador por parte de la AEPD producirán efectos suspensivos sobre el plazo de 4 años (**STS n.º 118/2013, de 25 de febrero, ECLI:ES:TS:2013:666, STS n.º 307/2014, de 4 de junio, ECLI:ES:TS:2014:2145**).

Sentado lo anterior, la duda radica en el **inicio del cómputo del plazo de caducidad**, y como señala la **sentencia del Tribunal Supremo n.º 596/2019, de 7 de noviembre, ECLI:ES:TS:2019:3524**, hay que entender que el legitimado puede ejercitarlas, (y por tanto el plazo de ejercicio de la acción comienza a correr) **desde que tuvo cabal conocimiento del mismo y pudo medir su trascendencia** mediante un pronóstico razonable.

Así, encontramos, por ejemplo, la doctrina sentada por nuestro Tribunal Supremo a través de la **sentencia n.º 727/2008, de 17 de julio, ECLI:ES:TS:2008:3827**, que equipara la **fecha de la publicación con la fecha en la que se puede ejercer la acción salvo que el demandante pruebe la imposibilidad de conocimiento en ese momento**, carga de la prueba que corresponde al demandante, por ser el ejercicio dentro del plazo de caducidad previsto en la norma un presupuesto o requisito esencial de la acción.

En este sentido, debe recordarse que la jurisprudencia distingue entre daños permanentes y daños continuados:

- **Daño duradero o permanente**: se produce en un momento determinado, pero persiste a lo largo del tiempo, con la posibilidad, incluso, de agravarse por factores ya ajenos a la acción u omisión del demandado. En caso de daño duradero o permanente, el plazo de ejercicio de la acción comienza a correr *«desde que lo supo el agraviado»*, como dispone el artículo 1968.2.º del Código Civil, es decir, desde que el afectado tuvo cabal conocimiento del mismo y pudo medir su trascendencia mediante un pronóstico razonable. Así, por ejemplo, tendrá la consideración de daño permanente la publicación de una obra considerada ofensiva por el afectado.

- **Daños continuados**: son daños de producción sucesiva causados por una conducta continuada en el tiempo, **sin que se inicie el plazo de prescripción hasta la producción del resultado definitivo**. Si bien ha de matizarse que esto es así cuando no es posible fraccionar en etapas diferentes o hechos diferenciados la producción de los daños. Así, los **daños producidos por la inclusión indebida de datos personales en un fichero de solvencia patrimonial tienen naturaleza de daños continuados**, en los que la causa que origina la intromisión en el derecho al honor (la imputación de ser moroso) persiste durante el tiempo en su eficacia potencialmente lesiva del honor ajeno hasta que no se cancela o se produce la baja del demandante en los citados registros. (STS n.º 596/2019, de 7 de noviembre, ECLI:ES:TS:2019:3524).

ANEXO I.
CASOS PRÁCTICOS

Caso práctico | ¿Qué hacer cuando se ha pagado una deuda, pero se sigue incluido en un fichero de morosos?

PLANTEAMIENTO

«X» fue incluido en un fichero de solvencia como consecuencia de una deuda que resultó impagada. Posteriormente, «X» pagó su deuda al acreedor, pero este no ha procedido a excluirlo del fichero. ¿Qué puede hacer «X» en este caso?

RESPUESTA

Con relación a esta cuestión, debemos atender a lo establecido en el art. 20 de la LOPDGDD, el cual señala en el apartado 1.d): *«Que los datos únicamente se mantengan en el sistema mientras persista el incumplimiento, con el límite máximo de cinco años desde la fecha de vencimiento de la obligación dineraria, financiera o de crédito».*

No obstante, con independencia de que dicha exclusión deba realizarse a instancia del acreedor, se considera conveniente que, de forma inmediata y por el que era **deudor, se comunique dicho pago al fichero de solvencia mediante una solicitud de rectificación/cancelación de los datos,** en ejercicio de los derechos reconocidos por los artículos 14 y 15 de la Ley Orgánica 3/2018, de 5 de diciembre, de Protección de Datos Personales y garantía de los derechos digitales, y 16 y 17 del Reglamento (UE) 2016/679 del Parlamento Europeo y del Consejo, de 27 de abril de 2016, relativo a la protección de las personas físicas en lo que respecta al tratamiento de datos personales y a la libre circulación de estos datos y por el que se deroga la Directiva 95/46/CE (Reglamento general de protección de datos). **Este derecho podrá ejercitarse personalmente o a través de representante legal debidamente acreditado,** ante el responsable del fichero de solvencia; en el primer caso se acompañará copia del DNI, y en el segundo, además del DNI indicado, el del representante y copia del documento que acredite la representación.

De acuerdo con lo establecido en el artículo 12.4 del RGPD, si el **responsable del fichero no responde** en el plazo de **un mes o deniega** total o parcialmente la rectificación/supresión, el que fuera deudor, o su representante, podrán presentar **escrito de reclamación ante la Agencia Española de Protección de Datos,** por no haber recibido la respuesta legalmente exigible, aportando los documentos que acrediten su solicitud previa a la reclamación frente a la Agencia.

Caso práctico | ¿Puede una empresa consultar un fichero de morosos, en el marco de un proceso de selección de personal, sin consentimiento del candidato?

PLANTEAMIENTO

¿Es posible consultar si una persona está incluida en un fichero de morosos con base en un proceso de selección de personal sin consentimiento del candidato?

RESPUESTA

La respuesta es **no**. Los ficheros de morosos existen con unas finalidades muy concretas relacionadas con la solvencia todas ellas y, desde luego, un proceso de selección de personal no es una de esas. El tratamiento de datos personales con esa finalidad —la selección para una oferta de trabajo— conllevaría un **uso irregular del fichero y un tratamiento ilícito**, es decir, una **infracción en materia de protección de datos** y la consiguiente sanción.

Efectivamente, el art. 6.1 del Reglamento (UE) 2016/679 del Parlamento Europeo y del Consejo, de 27 de abril de 2016, relativo a la protección de las personas físicas en lo que respecta al tratamiento de datos personales y a la libre circulación de estos datos y por el que se deroga la Directiva 95/46/CE (RGPD) establece:

«1. El **tratamiento** solo será **lícito** si se cumple al menos una de las siguientes condiciones:

a) el interesado dio su **consentimiento** para el tratamiento de sus datos personales para uno o varios fines específicos;

b) el tratamiento es necesario para la **ejecución** de un **contrato** en el que el interesado es parte o para la aplicación a petición de este de **medidas precontractuales**;

c) el tratamiento es necesario para el cumplimiento de una **obligación legal** aplicable al responsable del tratamiento;

d) el tratamiento es necesario para proteger **intereses vitales** del interesado o de otra persona física;

e) el tratamiento es necesario para el cumplimiento de una **misión** realizada en **interés público** o en el **ejercicio de poderes públicos** conferidos al responsable del tratamiento;

f) el tratamiento es necesario para la **satisfacción de intereses legítimos** perseguidos por el responsable del tratamiento o por un tercero, siempre que sobre dichos intereses no prevalezcan los intereses o los derechos y libertades fundamentales del interesado que requieran la protección de datos personales, en particular cuando el interesado sea un niño.

Lo dispuesto en la letra f) del párrafo primero no será de aplicación al tratamiento realizado por las autoridades públicas en el ejercicio de sus funciones».

A la vista de lo anterior, **sin el consentimiento del afectado no existe base legitimadora** para el tratamiento de datos de solvencia de un candidato a un proceso selectivo.

Por su parte, el art. 83 del mismo RGPD recoge la **infracción** en la que se incurre si el **tratamiento** es **ilícito**, bajo la rúbrica *«Condiciones generales para la imposición de multas administrativas»*, que señala:

«5. Las infracciones de las disposiciones siguientes se sancionarán, de acuerdo con el apartado 2, con multas administrativas de 20.000.000 Eur como máximo o, tratándose de una empresa, de una cuantía equivalente al 4% como máximo del volumen de negocio total anual global del ejercicio financiero anterior, optándose por la de mayor cuantía:

a) Los principios básicos para el tratamiento, incluidas las condiciones para el consentimiento a tenor de los artículos 5, 6, 7 y 9 (...)».

Por último, el art. 72.1 de la Ley Orgánica 3/2018, de 5 de diciembre, de Protección de Datos Personales y garantía de los derechos digitales, califica como infracción **muy grave** *«b) El tratamiento de datos personales sin que concurra alguna de las condiciones de licitud del tratamiento establecidas en el artículo 6 del Reglamento (UE)2016/679»*.

En este sentido, puede consultarse, a efectos ilustrativos, la resolución de la AEPD expediente n.º PS-00036-2022 de 22 de mayo de 2022.

Caso práctico | ¿Puede una empresa de gestión de deuda ponerse en contacto con mis familiares o amigos?

PLANTEAMIENTO

Un familiar de «X» recibe una llamada telefónica proveniente de una empresa de gestión de cobro para saber cómo y donde podrían comunicarse con «X».

¿Puede ser considerada esta situación como una vulneración de la normativa de protección de datos personales?

RESPUESTA

La Agencia Española de Protección de Datos ha determinado en este tipo de situaciones **dichas llamadas pueden ser realizadas siempre y cuando no se comunique la condición de deudor y/o la cuantía de la deuda**. Es decir, si la finalidad de estas llamadas es intentar ponerse en contacto con el supuesto deudor y en el transcurso de las mismas no se facilitan datos relativos a la deuda o al motivo por el que la entidad quiere contactar con el titular de los datos, no se estaría transgrediendo la normativa que regula la protección de datos personales.

En este sentido, es altamente ilustrativa la **resolución de la Agencia Española de Protección de Datos E-13222-2021, de 24 de enero de 2022**, donde se recuerda que la misma Agencia Española de Protección de Datos (AEPD, en adelante), en supuestos análogos, había considerado que **estas conductas no supondrían una vulneración de la normativa de protección de datos**. Asimismo, en diferentes resoluciones, la AEPD expresó que *«[...] , no vulnera la normativa de protección de datos la obtención, por parte de una entidad o del encargado del tratamiento, de datos adicionales que permitan conocer el domicilio o número de teléfono de un cliente determinado, en supuestos en los que se ha producido un cambio en los mencionados datos, cuando se haya obtenido la información de fuentes de acceso público, de detectives privados o incluso solicitando la información a sus familiares. Ahora bien, el tratamiento de los datos del cliente está legitimado y no procede su supresión si los datos resultan necesarios para el cumplimiento o ejecución del contrato, pero no así el de las personas de su entorno, por lo que, si la entidad responsable o el encargado del tratamiento los estuviesen tratando, deberán proceder a su supresión cuando se hayan actualizado los datos del cliente y, sobre todo, cuando la persona del entorno del cliente ejerza su derecho de supresión».*

Además, *«si mantienes una deuda con alguna entidad, ésta puede utilizar los datos personales que le facilitaste con la firma del contrato que origina la deuda para contactar contigo, y así dar continuidad a la relación negocial establecida entre ambos en virtud del citado contrato firmado. En este caso, la entidad que te reclama la deuda intenta recuperarla y por tanto, es lícito que intente contactar contigo en los teléfonos y direcciones que facilitaste. **Respecto de las llamadas telefónicas a familiares y ami-***

gos, incluyendo al trabajo, se considera que se pueden realizar las mismas siempre y cuando no se les comunique la cuantía de la deuda o la condición de deudor"».

En esta cuestión surge el planteamiento de la existencia de una posible infracción del **principio de confidencialidad.** Este principio se regula en el **artículo 5.1 f) del Reglamento General de Protección de Datos,** donde se establece que «*los datos personales serán tratados de manera que se garantice una seguridad adecuada de los datos personales, incluida la protección contra el tratamiento no autorizado o ilícito y contra su pérdida, destrucción o daño accidental, mediante la aplicación de medidas técnicas u organizativas apropiadas ("integridad y confidencialidad")*».

En este sentido, la mencionada resolución versa como sigue:

«En su relato de los hechos el reclamante afirma que desconoce "el contenido de las llamadas realizada a mis padres, puesto que no han querido entrar en detalles tras aclararles quienes son estas personas, pero no es muy lógico que me hablen de listas de morosos solo por recibir una llamada sin que les argumentasen algo por teléfono."

A través del comentario transcrito el reclamante parece sugerir que la gestora de cobros informó a sus padres de la existencia de una deuda vinculada a su persona. Sin embargo, más allá de esa sospecha del reclamante, no tenemos ningún elemento de juicio o indicio razonable de que efectivamente la gestora de cobros hubiera facilitado a los padres del reclamante alguna información relativa a existencia de una deuda a su nombre.

Por otra parte, esta sospecha del reclamante queda desvirtuada por el relato que él hace en su reclamación, del que resulta que, a raíz de que sus padres consultaran en internet el nombre de la empresa que efectuó la llamada -la gestora de cobros-, comenzó su preocupación por la posible existencia de una deuda a su nombre: "No conformes con esto, se han permitido la licencia de llamar a casa de mis padres indicando que llaman de la empresa [el nombre de la gestora de cobros] preguntando por mí, y como es de lógica mis padres, que son personas mayores, al consultar el teléfono y la empresa en internet se han llevado un disgusto enorme y se han preocupado, insistiendo en que les dijese el importe que adeudaba para abonarlo [....]" (El subrayado es nuestro).

Así las cosas, tampoco se aprecian indicios de infracción de la normativa de protección de datos de carácter personal en la conducta de la gestora de cobros concretada en los requerimientos de pago que dirigió al reclamante y en el contacto con las personas de su entorno familiar para tratar de comunicar con él».

Caso práctico | Falta de requerimiento de pago antes de la inclusión en un fichero de morosos. ¿Es indemnizable?

PLANTEAMIENTO

«A» contrajo una deuda con una compañía telefónica. Dicha deuda es cierta, líquida, vencida y exigible, ya que «A» suscribió un contrato con dicha compañía y nunca lo impugnó.

«A» en el mes de enero de 2022 se entera de que tiene esa deuda cuando fue emplazado en el proceso de juicio verbal en su domicilio correcto, y de que sus datos están incluidos en un fichero de solvencia patrimonial, cuando acude a una entidad bancaria a solicitar un crédito y el mismo no le es concedido por estar incluido en ese fichero.

En principio la deuda contraída por «A» era de 650 euros, si bien, hizo un pago de 200 euros a cuenta de la misma en febrero de 2022.

La compañía telefónica le envió varias cartas al domicilio que «A» había indicado en el contrato. Si bien, «A» no habitaba en el mismo, por lo que no tuvo constancia de las mismas.

Asimismo, la referida compañía requirió el pago de la deuda mediante el envío de SMS al teléfono móvil que «A» indicó en el contrato como teléfono de contacto.

«A» pretende interponer una demanda contra la compañía telefónica por intromisión ilegítima en el derecho al honor y la reclamación de una indemnización de 5.000 euros.

¿Tendrá éxito «A» en sus pretensiones?

RESPUESTA

En primer lugar, que «A» hiciera frente al pago parcial de la deuda implica un reconocimiento de la deuda, pues se entiende que nadie paga aquello que no debe.

Cuando «A» se entera de su inclusión en el fichero de solvencia patrimonial, en el mes de enero de 2022, la deuda existía y era de 600 euros, ya que aún no había pagado nada a cuenta de la misma.

Por lo tanto, a la vista de lo anterior, en el momento en que los datos de «A» accedieron al fichero se cumplía la existencia deuda vencida líquida y exigible.

La sentencia del Tribunal Supremo n.º 945/2022, de 20 de diciembre, ECLI:ES:TS:2022:4607, deja claro que, aunque exista un error no es determinante para apreciar la infracción del derecho al honor:

> «(...) lo verdaderamente relevante para que pudiera considerarse infringido el derecho al honor de los demandantes [...] no es tanto la corrección de la

concreta cantidad en que el banco cifró la deuda, sino que se hubiera comunicado a la CIRBE sus datos personales asociados a datos económicos de los que resultara su condición de morosos, sin serlo realmente.

(....)

Por tal razón, la incorrección del dato relativo a la cuantía de la deuda que constaba en el fichero de morosos no supone una vulneración del derecho al honor pues no añade un desvalor relevante respecto de la protección de dicho derecho fundamental al que ya supone ser tratado, justificadamente, como moroso».

En cuanto al requerimiento previo de pago, «A» alega que se entera de la deuda cuando fue emplazado en el proceso de juicio verbal en su domicilio correcto. Sobre esto, es interesante traer a colación la doctrina jurisprudencial que deriva de la citada **sentencia del Tribunal Supremo n.º 945/2022, de 20 de diciembre, ECLI:ES:TS:2022:4607**:

«14.- La exigencia de que el responsable del fichero notifique al afectado la inclusión de tales datos y le informe sobre la posibilidad de ejercitar los derechos establecidos en los artículos 15 a 22 del Reglamento (UE) 2016/679 dentro de los treinta días siguientes a la notificación de la deuda al sistema, que se contenía tanto en el art.

29 de la anterior ley orgánica como en el párrafo segundo del art. 20.1.c) de la actual, no suple el requisito del requerimiento previo sino que se añade a él, al igual que ocurría en el régimen anterior.

15.- Además, si solo fuera exigible la notificación posterior a la inclusión por parte del responsable del fichero, ya se habría producido un primer tratamiento de esos datos personales por la comunicación de los datos por el acreedor al responsable del fichero, sin asegurarse de su pertinencia, al poder ser tratados los datos de los deudores que por inadvertencia hubieran dejado de pagar alguna deuda sin que esto fuera significativo de su insolvencia.

16.- Como conclusión, podemos afirmar que en el nuevo régimen legal existen tres obligaciones diferenciables:

i) El acreedor debe informar al afectado, en el contrato o en el momento de requerir el pago, acerca de la posibilidad de inclusión en dichos sistemas, con indicación de aquéllos en los que participe (art. 20.1.c], párrafo primero, de la Ley Orgánica 3/2018 , que deroga el art. 39 del reglamento aprobado por el Real Decreto 1720/2007 , en tanto que este exigía que la información se hiciera cumulativamente en ambos momentos)

ii) El acreedor, o quien actúe por su cuenta o interés, debe requerir de pago al deudor con carácter previo a la comunicación de sus datos al fichero de morosos (art. 38.1.c del reglamento aprobado por el Real Decreto 1720/2007) y estará obligado a conservar a disposición del responsable del fichero común y de la Agencia Española de Protección de Datos documentación suficiente que acredite el cumplimiento de tal requisito y de los demás exigidos por la normativa aplicable, conforme al art 38.3 de dicho reglamento.

iii) La entidad que mantenga el sistema de información crediticia con datos relativos al incumplimiento de obligaciones dinerarias, financieras o de crédito deberá notificar al afectado la inclusión de tales datos y le informará sobre la posibilidad de ejercitar los derechos establecidos en los artículos 15 a 22 del Reglamento (UE) 2016/679 dentro de los treinta días siguientes a la notificación de la deuda al sistema, permaneciendo bloqueados los datos durante ese plazo (art. 20.1.c], párrafo segundo, de la Ley Orgánica 3/2018). La notificación deberá efectuarse a través de un medio fiable, auditable e independiente de la entidad notificante, que le permita acreditar la efectiva realización de los envíos (art. 40.3 de dicho reglamento)».

En este caso, se debe concluir que, dado que antes de comunicar los datos personales de «A» al fichero de morosos la compañía telefónica le requirió en diversas ocasiones al pago de la deuda, el requisito de requerimiento previo en este caso se cumplió.

En este sentido, la **sentencia del Tribunal Supremo n.º 959/2022, de 21 de diciembre, ECLI:ES:TS:2022:4490**, fija la doctrina de que, no obstante el carácter receptício del requerimiento previo de pago, el artículo 38.1 c) del Real Decreto 1720/2007, no establece una forma especial de llevar a cabo el requerimiento previo, de modo que, tampoco es necesaria, de cara a su validez, la fehaciencia de su recepción, que se puede considerar fijada a través de las presunciones o acreditada por cualquier medio de prueba.

Por último, cabe mencionar la **sentencia de la Audiencia Provincial de Logroño n.º 372/2023, de 15 septiembre, ECLI:ES:APLO:2023:477**, a través de la que se resuelve un caso similar al aquí analizado, llegando a la siguiente conclusión:

> «Tal como resulta del contrato obrante como documento 1 de la contestación a la demanda, los datos que Don Jesús Ángel facilitó para la celebración de ese contrato y que consta en el primero folio del mismo, fueron, entre otros, los siguientes: Domicilio: CALLE000 NUM001, NUM002, Logroño, España, teléfono NUM003.
>
> Por consiguiente, las notificaciones podían realizarse con base en esos datos sin que el demandante.
>
> No costa que Don Jesús Ángel notificase al banco una modificación de sus datos.
>
> Pues bien, tal como se ven en el documento mensaje vía SMS que certifica Logalty se envió al nº de teléfono del demandado que consta en el contrato y que él mismo facilitó, no siendo razonable pensar, dada la extensión y uso de los teléfonos móviles, que la apelante no hubiese sido capaz de valerse de su terminal para conocer el requerimiento de pago, máxime porque no supone ello un conocimiento avanzado del funcionamiento y funciones del dispositivo, pues la recepción y lectura de mensajes SMS, aun provistos de enlaces, es una operación básica al alcance del público desde hace muchos años.
>
> Por lo tanto, en la hipótesis de que el contenido no llegase a conocimiento del demandante fue debido exclusivamente a su conducta pasiva, pues, certificada la remisión por el tercero de confianza al número facilitado por el demandante y mediante un medio previsto en el contrato, el sistema de envío de la comunicación estaba dotado de suficiente efectividad, sin que parezca procedente que se le debiera exigir a la entidad acreedora realizar otra comunicación distinta.
>
> En cuanto al domicilio del demandado que consta en el fichero (CALLE000 NUM001, NUM002 , Logroño), es el que el propio demandado hizo constar en el contrato, lo cual resulta por lo tanto correcto de acuerdo con los términos del contrato que antes hemos transcrito, pues no consta que Don Jesús Ángel hubiera notificado al banco una modificación de su dirección».

En definitiva, la pretensión de «A» posiblemente no tenga éxito en los tribunales.

Caso práctico | ¿Es una vulneración del derecho a la intimidad consultar la solvencia patrimonial de familiares en un fichero ASNEF?

PLANTEAMIENTO

«A», familiar de «B» y «C», consultó los datos de estos últimos en el fichero ASNEF sobre su solvencia patrimonial a través de la empresa en la que trabaja. ¿Se podría considerar esta situación como una vulneración del derecho a la intimidad de «B» y «C»?

RESPUESTA

No, ya que la sentencia del Tribunal Supremo n.° 398/2024, de 19 de marzo, ECLI:ES:TS:2024:1495, es clara al señalar que «aunque el acceso a los datos patrimoniales de los demandantes se hizo a través de un fichero de solvencia patrimonial, las demandadas no incluyeron a los actores en ningún fichero de tales características. Como bien dice la Audiencia Provincial, no hubo revelación de datos íntimos pues **esos datos ya eran públicos**, puesto que en registros de dicha naturaleza, como el de la Propiedad, figuraban diversos embargos».

En cuanto al derecho a la intimidad invocado en el caso, la misma sentencia considera que tal derecho implica «la existencia de un ámbito propio y reservado frente a la acción y el conocimiento de los demás, necesario, según las pautas de nuestra cultura, para mantener una calidad mínima de la vida humana», y que el mismo se encuentra «estrictamente vinculado» a la propia **personalidad** y que proviene de la **dignidad** que se reconoce en la Constitución Española en el artículo 10. También el Supremo señala que el derecho a la intimidad «permite excluir ciertos datos de una persona del conocimiento ajeno, de donde deriva el derecho de resguardar su vida privada frente a una publicidad no querida; pero el objeto de protección del derecho fundamental a la protección de datos no se reduce solo a los datos íntimos de la persona, sino a cualquier tipo de dato personal, sea o no íntimo, cuyo conocimiento o empleo por terceros pueda afectar a sus derechos, sean o no fundamentales».

Así, «como establece la STJUE de 4 de mayo de 2023 -C-300/21- (que, aunque se refiere al art. 82 del Reglamento General de Protección de Datos de 2016, su doctrina es aplicable a la legislación anterior), **no puede considerarse que toda infracción de las disposiciones sobre protección de datos personales dé lugar, por sí sola, a un derecho a una indemnización a favor del interesado**. Por el contrario, para la pertinencia de la indemnización deberían concurrir tres requisitos cumulativos: (i) un tratamiento de datos personales en infracción de las disposiciones legales pertinentes; (ii) la existencia de daños y perjuicios para el interesado; y (iii) una relación de causalidad entre dicho tratamiento ilícito y esos daños y perjuicios.

En igual sentido, la STJUE de 14 de diciembre de 2023, asunto C 456/22, declara que es preciso que el afectado pruebe que la vulneración de la normativa de protección de datos le haya causado algún perjuicio, por mínimo que sea, y que "El interesa-

do debe demostrar que las consecuencias de esa infracción que afirma haber sufrido constituyen un perjuicio distinto de la mera infracción de las disposiciones de dicho Reglamento"».

En conclusión, el Tribunal Supremo incide en **diferenciar** una **infracción de la normativa sobre protección de datos**, la cual deriva en una **sanción administrativa**, de la **obtención de una indemnización**, la cual **no puede ser automática** y afirma que **no procede equiparar** linealmente una **infracción** y una **indemnización**. Particularmente, en esta situación expuesta, no hay constancia de que la consulta realizada por «A» tuviese algún tipo de **trascendencia externa** o que derivase en un conocimiento de los datos por **terceros**, así como tampoco hay constancia de que se haya producido algún tipo de **perjuicio** tanto a «B» como a «C».

Caso práctico | Cálculo indemnización por inclusión en un fichero de morosos y caducidad de la acción

PLANTEAMIENTO

Una entidad bancaria incluye a «A» y a «B» en dos ficheros de morosos. Si bien es cierto que en algún momento «A» y «B» habían contraído una deuda con dicha entidad bancaria, la misma ya había sido saldada en el año 2012.

Pese a que los afectados pusieron el hecho de que la deuda estaba ya cancelada en conocimiento de la entidad, siguieron recibiendo reclamaciones de pago y sus datos estuvieron incluidos en ficheros de morosos tras la cancelación de la mentada deuda.

Posteriormente la entidad bancaria cede el crédito a una tercera empresa que también incluye los datos de «A» y a «B» en ficheros de morosos.

La entidad bancaria en 2015 elimina los datos de tales ficheros, sin comunicárselo a «A» y a «B».

«A» y a «B» intentaron sin éxito la retirada de sus datos de los ficheros de morosos.

Por el anterior motivo, «A» y «B» deciden interponer una demanda contra la entidad bancaria por intromisión ilegítima en su honor e intimidad el 17 de febrero de 2022.

¿Estará caducada la acción? ¿Tendrán derecho a algún tipo de indemnización?

RESPUESTA

En primer lugar, cabe señalar que de acuerdo con el artículo 9.5 de la Ley Orgánica 1/1982, de 5 de mayo, el plazo para el ejercicio de las acciones de protección de derecho al honor por la indebida inclusión en el registro es de cuatro años desde que el legitimado pudo ejercitarlas.

Si bien, el Tribunal Supremo descarta como fecha de inicio del cómputo aquella en la que el perjudicado tiene conocimiento de su inclusión en el fichero, porque la fuente de la intromisión en el derecho al honor persiste en su eficacia potencialmente lesiva hasta la cancelación de los asientos, fijando como como regla general que el día inicial debe coincidir con el de la cancelación de los datos (STS n.° 307/2014, de 4 de junio, ECLI:ES:TS:2014:2145). Sin embargo, con un matiz importante, relativo a que cuando la cancelación de los datos no es conocida por el perjudicado por causas que no le son imputables, el comienzo del plazo se pospone hasta la fecha en que razonablemente pudo conocer dicha cancelación.

En este caso no se notificó a los perjudicados la cancelación por parte de la entidad bancaria y, además, el acreedor demandado continuó reclamando la supuesta deuda. El hecho de que los perjudicados tuvieran la posibilidad de solicitar del titular del fichero la oportuna información sobre sus datos no se entiende como obstáculo a la anterior tesis, ya que no estamos ante registros públicos cuya finalidad sea evitar que pueda alegarse el desconocimiento de los datos en él publicitados.

Por lo que, en atención a lo anterior, y ya que ambos perjudicados han estado recibiendo notificaciones reclamándoles el pago de la deuda ya extinguida hasta la fecha de la interposición de la demanda, no cabría alegar la caducidad de la acción.

Por último, en cuanto a la indemnización es interesante lo establecido en la **sentencia de la Audiencia Provincial de Bizkaia n.° 602/2023, de 1 de septiembre, ECLI:ES:APBI:2023:1068:**

> «El primer reproche que se hace es el relativo a no tomar en consideración la propia responsabilidad de los actores por el tiempo que estuvieron vigentes las anotaciones en los ficheros ya que estos quedaban al margen de la deuda afianzada como conforme a la convenida en el contrato privado de 10 de octubre de 2012 por el que se les libera de su responsabilidad y se otorga carta de pago. Dato a poner en relación con el momento y la forma en que se ejercita el derecho de acceso, rectificación y cancelación. Tal motivo de apelación no puede prosperar para eximir de indemnización o minorar la misma, por cuanto que la inclusión la realiza el ahora recurrente y su cesionaria, de un derecho de crédito inexistente por el convenio alcanzado. Por tanto, el momento de ejercicio de la acción y las recientes y constantes comunicaciones con la advertencia de inclusión, en el registro de morosos, no conllevan que el ejercicio que la ahora recurrente considera tardío y caducado pueda minorar el tiempo trascurrido y las vicisitudes derivadas de la inclusión del crédito en el registro. Por tanto, no existe comportamiento de los actores que pueda ser tildado de negligente o abusivo y que determine la modificación del importe que se ha fijado como indemnización acorde al daño ocasionado por la indebida inclusión.
>
> 3.3. Se alega también que al tratarse de una deuda afianzada de forma solidaria solidarios se comprometía el patrimonio de esa unidad familiar por lo que esa individualización de la codena indemnizatoria de 5.000 euros para cada uno de ellos, excede con mucho la valoración del daño moral que reclaman. No comparte tal criterio esta sala. Hemos de poner de relieve lo indicado por la STS, del 24 de noviembre de 2022 (ROJ: STS 4401/2022 - ECLI:ES:TS:2022:4401) y STS 130/2020, de 27 de febrero, ROJ: STS 655/2020, que con cita de otras, resume la doctrina de la Sala 1ª sobre la indemnización procedente cuando la inclusión en los ficheros como el de autos, supone una intromisión ilegítima en el derecho al honor. Las pautas generales de esta doctrina son las siguientes:
>
> a) El marco normativo aplicable es el de la LO 1/1982, lo que conlleva que la existencia de perjuicio se presumirá siempre que se acredite la intromisión ilegítima (art. 9.3).
>
> b) No son admisibles las indemnizaciones de carácter meramente simbólico, porque está afectado un derecho fundamental que requiere de protección real y efectiva (arts. 9.1, 1.1. y 53.2 CE), y ello exige una reparación adecuada (sentencia 512/2017 21 de septiembre de 2017 (ROJ: STS 3322/2017 - ECLI:ES:TS:2017:3322 o la sentencia STS 340/2022, de 2 de febrero, ROJ: STS 340/2022, que casó una sentencia que había fijado la indemnización en 1000 euros, frente a los 5000 euros solicitados en que fue el importe en el que los fijó)
>
> c) La escasa cuantía de la deuda no disminuye, por sí misma, la importancia del daño».

Así, en el caso analizado por la Audiencia Provincial de Bizkaia, la sala tras analizar la jurisprudencia del Tribunal Supremo sobre las indemnizaciones procedentes cuando la inclusión en los ficheros de morosos supone una intromisión ilegítima en el derecho al honor, rechazó el recurso y consideró ponderada la indemnización fijada, ya que el derecho al honor requiere de una reparación adecuada y no meramente simbólica. Imponiendo el pago de las costas al Banco Santander.

Caso práctico | Requerimiento previo de pago de una deuda y registro de morosos

PLANTEAMIENTO

«X» demanda a una entidad bancaria reclamando 4.000 euros en concepto de indemnización por daños y perjuicios al entender que habían vulnerado su derecho al honor cuando se le incluyó «por error» en el fichero de morosos ASNEF. «X» afirma que desconocía la inclusión en dicho fichero hasta que acudió a solicitar un préstamo a un banco de su localidad. La entidad bancaria, por su parte, se reitera en la afirmación de que había notificado al demandante.

Existiendo una deuda líquida, vencida y exigible, y habiéndosele notificado la inclusión en tal fichero de morosos, ¿tiene «X» derecho a una indemnización por vulneración de su derecho al honor?

RESPUESTA

No, y para resolver este supuesto es interesante mencionar la **senten-cia de la Audiencia Provincial de la Rioja n.° 372/2023, de 15 de septiembre, ECLI:ES:APLO:2023:477.**

«X» demandó a la entidad bancaria basándose en que **ignoraba que se le hubiese incluido en el fichero de morosos** hasta que acudió a solicitar un préstamo en la entidad bancaria de su localidad y se lo denegaron. También sostiene el demandante que **no conocía de la existencia de la deuda** que propició tal inclusión en el fichero.

Esta demanda es desestimada y uno de los razonamientos es el que sigue:

«Se acredita como el demandante aparece dado de alta en el fichero EQUI-FAX ASNEF con fecha de alta 10 de noviembre de 2020 con un saldo actualizado impagado de 520,25 € por el producto préstamo personal. Consta igualmente acreditado que se han realizado visualizaciones hasta la fecha 10 de diciembre de 2020; con un histórico de consultas de entidades compañías de seguros y entidades de crédito en un número total de 31 consultas.

Se acredita de la prueba practicada la existencia de la relación contractual concertada por don Jesús Ángel con la mercantil demandada BANCO ATLAN-TIC S.A., en virtud de la cual se concertó un contrato de préstamo personal en dicho contrato de préstamo se señala al número NUM000, la identidad del demandante como parte prestataria; con un capital de 280 € como límite de crédito, estableciéndose un periodo de pagos desde el 13 de enero de 2020. En el extracto de movimientos de la cuenta aportado por la demandada, documental no impugnada por la parte actora, se indica a fecha 25 de enero de 2022 la deuda de 520,25 €; constando acreditado como en octubre de 2022 se abonan 173,68 € quedando reducida la deuda.

En la estipulación 4.11 de dicho contrato se señala expresamente:<<4.11. Sin perjuicio de las causas de resolución previstas en la Cláusula 8 del presente Contrato, el Cliente queda informado y consiente expresamente que, en caso de continuar el Cliente en situación de impago una vez transcurrido el periodo de treinta (30) días naturales establecido en el requerimiento previo de pago que el Acreedor le haya efectuado, y considerando la deuda como cierta, líquida, vencida y exigible, los datos del Cliente podrán ser incluidos en los siguientes ficheros de solvencia patrimonial y crédito (comúnmente conocidos como de morosidad):

Fichero BADEXCUG, del Servicio de Crédito de EXPERIAN BUREAU DE CRÉDITO S.A., con domicilio en C/ Príncipe de Vergara, 132 - 1ª Planta, 28002, Madrid.

Fichero ASNEF, titularidad de ASNEF-EQUIFAX SERVICIOS DE INFORMACIÓN SOBRE SOLVENCIA Y CRÉDITO, S.L., con domicilio en c/goya, 29 Planta 2-3, 28001, Madrid.

A estos efectos, el Cliente queda informado y consiente en ser requerido de pago de manera escrita a través de SMS, correo electrónico y/o correo postal a las direcciones y teléfono que haya facilitado para solicitar el crédito o, si los ha cambiado, en la nueva dirección y/o teléfono que haya comunicado al Acreedor.>>

Consta al documento acompañado por la parte demandada las comunicaciones vía correo electrónico, al correo que consta facilitado por el demandante en el contrato de crédito personal concertado correo electrónico DIRECCION000; y así se acredita que el 4 de abril de 2020 se comunica al demandante la existencia de una deuda por importe de 520,25 € con el desglose de los conceptos que componen dicho importe, y con la información de la posibilidad de inclusión en el fichero de morosos.

Asimismo existe una comunicación no impugnada por la parte actora, como prueba documental de la demandada, en el que Equifax Ibérica S.L. manifiesta que a través de Logalty Prueba por Interposición S.L. que en fecha 8 de octubre de 2020 se ha enviado la certificación que acompaña al demandante constando la misma entregada. En dicha comunicación se requiere a la parte actora en relación al contrato de línea de crédito número NUM000, informándole del transcurso del plazo de 30 días desde el vencimiento del pago, y asimismo se le informa de que desde la notificación dispone de 30 días para ejercer su derecho de rectificación y cancelación de la deuda con información de inclusión en los ficheros de morosos.

Se acredita con ello la notificación e información al demandante de la inclusión en el fichero de morosos en dicha comunicación efectuada el 8 de octubre de 2020; consta el alta en el fichero de moroso en fecha 10 de noviembre de 2020, transcurrido un plazo de 30 días establecido.

En relación a deuda se acredita que la demandada interpuso demanda de juicio verbal que correspondió al Juzgado de 1º Instancia nº 2 de Logroño al número 1181/2022 en reclamación frente a don Jesús Ángel de la cantidad de 520,25 €; con decreto la admisión de 27 de septiembre de 2022. Se acredita asimismo que Banco Atlántic S.A. (Movinero), como parte demandante de este procedimiento de juicio verbal, solicitó en escrito de 4 de octubre de 2022 la suspensión del procedimiento por estar en vías de llegar a un acuerdo amistoso con don Jesús Ángel. Y acreditándose como el 13 de octubre de 2022 don Jesús Ángel, con posteridad a la interposición de la demanda de juicio verbal por parte de Banco Atlántic S.A., procedió a abonar 173,68 € que consta en el extracto de cuenta aportado por la demandada. Consta acredita igualmente un pago por parte de don Jesús Ángel a favor de la demandada de 173,16 € efectuados el 14 de diciembre de 2022. Asimismo la parte demandada sostiene en su contestación a la demanda que a pesar de la presente demanda el actor ha abonado los importes del acuerdo que concertaron llegando a cubrir la totalidad de la deuda en diciembre de 2022, con resguardos de transferencias de tres cuotas.

Se deriva de ello la existencia de una deuda vencida, líquida y exigible, frente al actor en virtud del contrato de préstamo concertado con la entidad financiera. Y así el propio demandante reconoce la existencia de su deuda y procede al pago de la totalidad de los 520,25 € reclamados por la entidad financiera y que se reflejan en el registro de morosos, acreditándose igualmente que fue informado de su inclusión en dicho fichero con 30 días de antelación.

Igualmente se acredita la puesta en conocimiento de la parte actora de la posible inclusión en los ficheros de morosos desde el momento de la contratación. Y asimismo se acredita la existencia de una deuda cierta, líquida y exigible, por ambos productos tarjeta de crédito y préstamo. (...)».

Una vez analizada la doctrina del Tribunal Supremo, el juzgado de primera instancia concluye que «en este caso «[C]onsta igualmente la información de la inclusión en el fichero de insolvencia tanto la contratación como en las comunicaciones que le dirigió la entidad acreedora. No siendo la deuda controvertida toda vez que propia actor ha procedido a su pago»»».

Continúa la sentencia señalando que:

«En nuestro caso, pese a que en el escrito de demanda se afirma desconocer la existencia y origen de la deuda, no puede estar más claro que existió una deuda vencida, líquida y exigible

Como hemos visto en el parágrafo 1 de este fundamento de derecho, consta el contrato suscrito por el demandante en el año 2020 y no impugnado por este, por lo que no puede negar conocer la realidad contractual y las obligaciones que contrajo.

En segundo lugar, consta probado que el demandado adeudó 520,25 euros por razón de dicho contrato y que no hizo el primer pago (parcial) hasta octubre de 2022, lo cual implica dos cosas:

a) Que realizase ese pago tardío implica necesariamente un reconocimiento de la deuda, pues nadie paga aquello que no debe. Por eso, aunque en la demanda que da origen a la presente "litis", y que interpuso después de que le fuera reclamada judicialmente la deuda, afirmaba desconocer su existencia y origen, es claro que sí la conocía.

b) Que cuando el nombre del hoy actor accedió al fichero ASNEF en noviembre de 2020 con una deuda por 520,25 euros, esa deuda existía, y existía además por ese importe, pues Don Jesús Ángel aún no había pagado nada a cuenta de la misma. Por lo tanto, está muy claro que en el momento en que los datos de don Jesús Ángel accedieron a dicho fichero, se cumplía el requisito de la existencia de una deuda vencida liquida y exigible. Por eso precisamente, la alegación que también se hace en el recurso dentro del primer motivo, relativa a que BANCO ATLANTIC S.A." mantiene los datos aun habiéndose efectuado el pago" está abocada al fracaso, pues lo relevante es si la deuda (cierta vencida y exigible) existía ya cuando los datos accedieron al fichero, y en este caso no existe ninguna duda de que así fue.

En definitiva, existía una deuda que era cierta, por lo que también todas las alegaciones que se contienen en el motivo SEGUNDO" del recurso decaen con base en lo que acabamos de explicar, pues no cabe duda de que el monto de la deuda cuando accedió al fichero era líquido, exigible y cierto - 520,25 euros-».

En conclusión, «X» sí tenía constancia de la existencia de la deuda y que «en la hipótesis de que el contenido no llegase a conocimiento del demandante fue debido exclusivamente a su **conducta pasiva**, pues, certificada la remisión por el tercero de confianza al número facilitado por el demandante y mediante un medio previsto en el *contrato, el sistema de envío de la comunicación estaba dotado de suficiente efectividad, sin que parezca procedente que se le debiera exigir a la entidad acreedora realizar otra comunicación distinta».*

Por todo ello, **no tiene derecho a recibir una indemnización**, puesto que no se habría producido una vulneración de su derecho al honor porque tenía conocimiento de la deuda existente y le fue comunicada la posible inclusión en dicho fichero.

ANEXO II.
FORMULARIOS

Demanda de tutela del derecho al honor por inclusión en fichero de morosos

AL JUZGADO DE PRIMERA INSTANCIA [JUZGADO]

Don/Doña [NOMBRE_PROCURADOR_CLIENTE], procurador/a de los tribunales, colegiado número [NÚMERO] del ICP de [LUGAR], en nombre y representación de **don/doña** [NOMBRE_CLIENTE], mayor de edad, con domicilio en [DOMICILIO_CLIENTE], según acredito mediante [PODER APUD ACTA/COPIA DE ESCRITURA PÚBLICA QUE SOLICITO, UNA VEZ TESTIMONIADA EN AUTOS, ME SEA DEVUELTA POR PRECISARLA PARA OTROS USOS], bajo la dirección letrada de **don/doña** [NOMBRE_ABOGADO_CLIENTE], colegiado número [NÚMERO] del ICA de [LUGAR], ante este juzgado comparezco y, como mejor proceda en derecho,

DIGO

Que, por la presente, formulo demanda de **JUICIO ORDINARIO de tutela del derecho al honor y protección de datos de carácter personal contra la entidad** [NOMBRE_EMPRESA], con domicilio social en [DOMICILIO_SOCIAL] y ello sobre la base de los siguientes,

HECHOS

PRIMERO.- Mi representado ha venido sufriendo reclamaciones de manera reiterada por parte de la demandada [NOMBRE_EMPRESA], ocasionando su inclusión en el fichero de morosidad [NOMBRE_FICHERO] en [FECHA].

[NOMBRE_EMPRESA] cedió los datos personales de don/doña [NOMBRE_CLIENTE], asociándolos a una deuda incierta por un importe de [CUANTÍA_IMPORTE_DEUDA], incluyendo los mismos en el fichero [NOMBRE_FICHERO]. Dicha inscripción se corresponde con [ESPECIFICAR].

SEGUNDO.- Dicha deuda [ESPECIFICAR] **(1)** por lo que a fecha de hoy, la misma no existe. Por ello, la inclusión de la deuda en [NOMBRE_FICHERO] supone una vulneración del derecho al honor del demandante por cuanto implica imputarle el incumplimiento de una obligación pecuniaria, lo que supone un desmerecimiento en la consideración ajena y un menoscabo en la dignidad de mi representado, puesto que en este tipo de ficheros se suelen incluir a personas las cuales son valoradas en forma negativa, sobre todo si se trata de llevar a cabo relaciones contractuales con ellas.

TERCERO.- Como fundamento de los anteriores hechos, se adjuntan a la presente demanda los siguientes DOCUMENTOS:

a) Con relación al primer hecho, se adjunta como **documento n°** [NÚMERO], el certificado de la constancia de los datos personales en el fichero de morosidad.

b) Con relación al segundo hecho, se adjunta como **documento n°** [NÚMERO], el documento justificativo [ESPECIFICAR]. **(2)**

A los anteriores hechos son de aplicación los siguientes,

FUNDAMENTOS DE DERECHO

I.- JURISDICCIÓN Y COMPETENCIA

De aplicación lo estipulado en los arts. 21 y ss. de la LOPJ, así como lo establecido en al art. 36 de la LEC.

Es competente el juzgado al que me dirijo de conformidad con lo dispuesto en los artículos 45 y 52.1.6.º de la LEC, toda vez que en materia de derecho al honor, a la intimidad personal y familiar y a la propia imagen y, en general, en materia de protección civil de derechos fundamentales, será competente el tribunal del domicilio del demandante, y cuando no lo tuviere en territorio español, el tribunal del lugar donde se hubiera producido el hecho que vulnere el derecho fundamental de que se trate.

II.- CAPACIDAD Y LEGITIMACIÓN

Las partes están capacitadas para entablar la presente relación jurídico-procesal, conforme a los artículos 6 y siguientes de la LEC.

Asimismo, poseen ambas partes legitimación, la activa mi mandante por ser la persona cuyos derechos se observan vulnerados, y la pasiva las demandadas al ser la persona y la mercantil que realizaron y permitieron los hechos descritos y demandados.

III.- POSTULACIÓN

Según las exigencias de los artículos 23 y 31 de la Ley de Enjuiciamiento Civil, esta parte comparece representada de procurador y asistida de letrado.

IV.- PROCEDIMIENTO

En lo relativo al procedimiento a seguir el artículo 249.1.2º de la Ley de Enjuiciamiento Civil establece que:

> «1. Se decidirán en el **juicio ordinario**, cualquiera que sea su cuantía:
> (...)
> 2.º Las que pretendan la **tutela del derecho al honor, a la intimidad y a la propia imagen**, y las que pidan la tutela judicial civil de cualquier otro derecho fundamental, salvo las que se refieran al derecho de rectificación. En estos procesos, será siempre parte el Ministerio Fiscal y su tramitación tendrá carácter preferente».

Por consiguiente, ha de estarse a la regulación contenida en los artículos 399 a 436 de la Ley de Enjuiciamiento Civil, reguladores del procedimiento de juicio ordinario.

El demandado ha realizado actos que suponen una violación del **DERECHO AL HONOR** del que gozan todos los ciudadanos, tal y como establece el artículo 18 de la Constitución Española. Este es un derecho fundamental de los ciudadanos, por lo que nadie puede violarlo. En caso de que ocurra, se deberá proceder con la correspondiente indemnización, ya que conllevaría la aparición de una obligación para el responsable.

V.- FONDO

La Constitución Española en el **artículo 18** establece que «*se garantiza el derecho al honor, a la intimidad personal y familiar y a la propia imagen*».

La Ley Orgánica 1/1982, de 5 de mayo, de protección civil de derecho al honor, a la intimidad personal y a la propia imagen es la norma aplicable al fondo del asunto, siendo preceptiva la intervención del Ministerios Fiscal y, como vemos, la ley otorga a la tramitación de la tutela judicial solicitada carácter preferente.

En lo relativo a la **vulneración del derecho al honor**, debemos traer a colación la **sentencia del Tribunal Supremo n.º 176/2013, de 6 de marzo, ECLI:ES:TS:2013:1715,** en la que se señala que:

> «(...) la inclusión en un registro de morosos, erróneamente, sin que concurra veracidad, es una **intromisión ilegítima en el derecho al honor**, por cuanto es una imputación, la de ser moroso, que **lesiona la dignidad de la persona y menoscaba su fama y atenta a su propia estimación**, precisando que es intrascendente el que el registro haya sido o no consultado por terceras personas, ya que basta la posibilidad de conocimiento por un público, sea o no restringido y que esta falsa morosidad haya salido de la esfera interna del conocimiento de los supuestos acreedor y deudor, para pasar a ser de una **proyección pública**, de manera que si, además, es conocido por terceros y ello provoca unas **consecuencias económicas** (como la negación de un préstamo hipotecario) o un grave perjuicio a un comerciante (como el rechazo de la línea de crédito) **sería indemnizable**, además del **daño moral** que supone la **intromisión en el derecho al honor** y que impone el artículo 9.3 LPDH.
>
> Por todo ello, la **inclusión equivocada o errónea de datos de una persona en un registro de morosos reviste gran trascendencia por sus efectos** y por las **consecuencias negativas** que de ello se pueden derivar hacia la misma, de modo que la conducta de quien maneja estos datos debe ser de la **máxima diligencia** para evitar posibles errores. En suma, la **información publicada o divulgada debe ser veraz**, pues de no serlo debe reputarse contraria a la ley y, como **acto ilícito**, susceptible de **causar daños** a la persona a la que se refiere la incorrecta información. La **veracidad** de la información es pues el parámetro que condiciona la existencia o no de **intromisión ilegítima en el derecho al honor**, hasta tal punto que la STS de 5 julio 2004 antes citada, señala que **la veracidad de los hechos excluye la protección del derecho al honor**; en efecto, el Tribunal Constitucional ha reiterado que para que sea legítimo el derecho constitucional de comunicar libremente información es preciso entre otros requisitos que lo informado sea **veraz**, lo que supone el deber especial del informador de comprobar la autenticidad de los hechos que expone, mediante las oportunas averiguaciones, empleando la diligencia que, en función de las circunstancias de lo informado, medio utilizado y propósito pretendido, resulte exigible al informador».

VI.- *IURA NOVIT CURIA*

En todo lo no invocado resulta de aplicación el principio *iura novit curia*, plasmado en el párrafo segundo del punto primero del artículo 218 de la Ley de Enjuiciamiento Civil, en virtud del cual serán aplicables las demás normas que sean de pertinente, especial o general aplicación, y que el juzgador podrá tener en cuenta de oficio sin necesidad de que hayan sido previamente alegados o invocados por alguna de las partes intervinientes.

VII.- COSTAS

Por lo dispuesto en el artículo 394 de la Ley de Enjuiciamiento Civil, que regula las costas, deberán ser impuestas a la parte demandada.

En su virtud,

SUPLICO AL JUZGADO:

Que teniendo por presentada esta demanda junto con los documentos de todo ello, se sirva admitirla y tenerme por personado y parte en la representación que ostento y por formulada **demanda de JUICIO ORDINARIO contra** [NOMBRE_EM-PRESA], y previo los trámites legales, entre los que se incluye el traslado al Ministerio Fiscal, se dicte sentencia **DECLARANDO:**

1. Que la inclusión del demandante en el fichero [NOMBRE_FICHERO] ha supuesto una vulneración de su derecho al honor, por irregular.

2. Que se condene a la demandada a:

Indemnizar los perjuicios causados, indemnización que se cifra en [CANTIDAD_EN_LETRA] euros ([CANTIDAD] €), o en la cantidad que prudencialmente fije el juez teniendo en cuenta los antecedentes de esta demanda, y todo ello con expresa condena de costas del procedimiento a la parte demandada.

El pago de los intereses y las costas

Por ser de Justicia pido en [LOCALIDAD] a [DÍA] de [MES] de [AÑO].

Letrado D./D.ª [NOMBRE]

Procurador D./D.ª [NOMBRE]

[NÚMERO_COLEGIADO_ABOGADO_CLIENTE]

[NÚMERO_COLEGIADO_PROCURADOR_CLIENTE]

OTROSÍ DIGO: que siendo intención de esta parte cumplir con los requisitos legales, a tenor de lo previsto en el artículo 231 de la Ley de Enjuiciamiento Civil, se solicita se le diere traslado de cualquier defecto que adoleciere la presente demanda para la inmediata subsanación de la misma.

SUPLICO AL JUZGADO:

Que tenga por efectuada la anterior manifestación a los efectos oportunos.

Por ser de Justicia, lugar y fecha *ut supra*.

Letrado D./D.ª [NOMBRE]

Procurador D./D.ª [NOMBRE]

[NÚMERO_COLEGIADO_ABOGADO_CLIENTE]

[NÚMERO_COLEGIADO_PROCURADOR_CLIENTE]

---

(1) Puede darse la variable de que o bien la deuda ya haya sido pagada o bien que nunca haya existido. Especificar de qué situación se trata. Este formulario se adapta a ambas opciones.

(2) Especificar si se trata de un documento que justifique que la deuda ha sido pagada o bien si se trata de un documento que justifique que nunca existió tal deuda.

Contestación a la demanda de tutela del derecho al honor por inclusión en fichero de morosos

Procedimiento juicio ordinario [NUMERO]/[AÑO]

AL JUZGADO DE PRIMERA INSTANCIA DE [LUGAR]

Don/Doña [NOMBRE_PROCURADOR_CLIENTE], procurador/a de los tribunales y de don/doña [NOMBRE_CLIENTE], según tengo acreditado mediante [ESPECIFICAR], el cual acompaño como documento n.º [NUMERO], bajo la dirección letrada de don/doña [NOMBRE_ABOGADO_CLIENTE] colegiado/a número [NUMERO] por el ICA [LUGAR], ante el juzgado comparezco y, como mejor proceda en derecho,

DIGO

Que mediante el presente escrito vengo a formular, en tiempo y forma, **CONTESTACIÓN A LA DEMANDA** formulada por [NOMBRE_PARTECONTRARIA] para la tutela del derecho al honor, la intimidad y la propia imagen del artículo 249.1.2.º LEC, de conformidad con los siguientes,

HECHOS

PREVIO.- Para negar todas y cada una de las alegaciones vertidas por la adversa en su escrito de demanda, salvo aquellas que sean expresamente reconocidas por esta parte en el cuerpo del presente escrito.

PRIMERO.- Conformes con el correlativo de hechos [NÚMERO/S] de la demanda de adverso en cuanto a las circunstancias del demandante y mi representado.

SEGUNDO.- Disconformes con el correlativo en cuanto a la vulneración del derecho a [HONOR/INTIMIDAD/PROPIA IMAGEN]:

Esta parte ha enviado a don/doña [NOMBRE PARTE CONTRARIA] sendas notificaciones al domicilio [ESPECIFICAR] señalado por el/la demandante en el contrato n.º [ESPECIFICAR] en las siguientes fechas:

[ESPECIFICAR].

[ESPECIFICAR].

[ESPECIFICAR].

Además de las referidas cartas esta parte también ha requerido al pago a don/doña [NOMBRE PARTE CONTRARIA] a través de SMS al número de teléfono móvil indicado en el anteriormente mencionado contrato.

Y por último, cabe señalar que en el contrato suscrito entre ambas partes se establecía en su cláusula [ESPECIFICAR PARTE DEL CONTRATO] que, en caso de impago de la deuda, *«los datos del cliente podrán ser comunicados por el Prestamista a entidades de solvencia patrimonial y de crédito»*.

Adjuntamos a la presente:

Documento n.º [NÚMERO] copia del contrato suscrito entre don/doña [NOMBRE PARTE CONTRARIA] y la mercantil [NOMBRE CLIENTE].

Documentos n.º [NÚMERO] a [NÚMERO] las cartas enviadas a don/doña [NOMBRE PARTE CONTRARIA] requiriéndole al pago.

Documentos n.º [NÚMERO] a [NÚMERO] registro de los SMS enviados a don/doña [NOMBRE PARTE CONTRARIA] requiriéndole al pago.

A los anteriores hechos le son de aplicación los siguientes,

FUNDAMENTOS DE DERECHO

I.-, II.-, III.- y IV.- De conformidad con los correlativos en cuanto a JURISDICCIÓN, COMPETENCIA, CAPACIDAD Y LEGITIMACIÓN, REPRESENTACIÓN Y DEFENSA Y PROCEDIMIENTO.

V.- FONDO DEL ASUNTO

Sobre la falta de requerimiento previo de pago a don/doña [NOMBRE PARTE CONTRARIA]:

La **sentencia del Tribunal Supremo n.º 959/2022, de 21 de diciembre, ECLI:ES:TS:2022:4490:**

> «Y nuestra doctrina sobre el carácter recepticio del requerimiento previo de pago no exige, como hemos dicho, la fehaciencia de su recepción, que se puede considerar fijada a través de las presunciones, como en este caso, siempre que exista garantía o constancia razonable de ella, que en el presente supuesto también existe, puesto que en ningún momento se ha negado que el domicilio del demandado coincidiera con la dirección de destino indicada en la comunicación o argumentado que esta se hubiera malogrado por razones achacables al servicio postal de correos, de las que, por lo demás, no existe reflejo alguno en los autos.
>
> Tampoco se puede tachar la comunicación por formar parte de un gran conjunto de ellas, puesto que dicha circunstancia, igual que si se hubiera presentado de forma independiente e individual, no impide su puesta a disposición del servicio postal de correos, que opera un número ingente de comunicaciones y que no puede denegar su admisión (documentada en los autos con los albaranes de entrega) por el mero hecho de formar parte de una remesa masiva de envíos que le son confiados por el remitente para la realización de un proceso postal integral (clasificación, transporte, distribución y entrega) que debe garantizar de manera efectiva los derechos de los usuarios y del que, una vez producida la recepción, se hace responsable, conforme a lo dispuesto por el art. 3.12.b) de la Ley 43/2010, de 30 de diciembre, del servicio postal universal, de los derechos de los usuarios y del mercado postal.
>
> Ni equipararse este supuesto, atendidas las circunstancias que lo califican, con otros cuya tipología es distinta, como aquellos en los que la comunicación fue remitida a una dirección postal de la que fue devuelta por ser el destinatario desconocido o donde anteriormente ya se había producido una devolución por la misma circunstancia, lo que sí cuestiona, como ya hemos dicho, la garantía de la recepción (sentencia 854/2021, de 10 de diciembre)».

También cabe traer a colación la **sentencia del Tribunal Supremo n.º 945/2022, de 20 de diciembre, ECLI:ES:TS:2022:4607**:

«1.- No existiendo duda alguna de que el demandante era un deudor moroso, pues no restituyó la totalidad del capital prestado; constando que en el contrato de préstamo se le había advertido de la posibilidad de incluir sus datos en un fichero de morosos en caso de impago de la deuda; y constando que fue requerido de pago con carácter previo a la comunicación de sus datos al registro de morosos, la inclusión de sus datos en un sistema de información crediticia (fichero o registro de morosos) no constituyó una intromisión ilegítima en su derecho al honor.

2.- El hecho de que el importe de la deuda que se comunicó a dicho fichero fuera superior al realmente adeudado no basta para considerar que la inclusión de sus datos en el fichero vulneró su honor, pues hasta ese momento el deudor no había intentado restituir el capital recibido ni había manifestado a la acreedora su disconformidad con la cantidad reclamada por la demandada, por lo que no había duda de que existía una deuda y el demandante había incurrido en mora. Y, habida cuenta de las circunstancias expresadas, no puede considerarse que la comunicación de sus datos al fichero supusiera una presión ilegítima del acreedor para zanjar una disputa sobre la existencia o cuantía de la deuda.

3.- El desvalor que para el ordenamiento jurídico supone la usura, que lleva aparejado las consecuencias previstas en la Ley de 23 de julio de 1908 sobre nulidad de los contratos de préstamos usurarios, no supone que el tratamiento de datos en un fichero de morosos del deudor que no ha podido restituir ni siquiera la suma recibida en préstamo constituya una intromisión ilegítima en su derecho al honor.

4.- El requisito del requerimiento previo de pago establecido en el art. 38.1.c del reglamento aprobado por el Real Decreto 1720/2007 sigue siendo exigible tras la entrada en vigor de la Ley Orgánica 3/2018, de 5 de diciembre, que no ha derogado aquel precepto reglamentario puesto que no existe incompatibilidad entre uno y otro. Pero ya no es indispensable que en ese requerimiento se advierta al deudor de la posibilidad de comunicar sus datos al fichero de morosos si tal advertencia se ha hecho al celebrar el contrato, como ocurrió en el caso objeto del recurso.

5.- Que en esa advertencia no se informara al deudor de los sistemas de información crediticia en los que participa el acreedor no determina, por sí solo, que la comunicación de los datos a uno de esos sistemas constituya una vulneración del derecho al honor del deudor».

VI.- COSTAS

Deben imponerse a la demandante, de conformidad con el artículo 394 de la LEC.

Por lo expuesto,

AL JUZGADO SUPLICO:

Que tenga por presentado este escrito con sus documentos y copias, se sirva a admitirlo y, en su virtud, tenga por presentada **CONTESTACIÓN A LA DEMANDA** formulada por [NOMBRE_PARTECONTRARIA], para que previos los trámites legales oportunos, dicte en su día sentencia por la que desestime íntegramente la demanda, con expresa imposición de costas a la actora.

Es Justicia que pido en [LUGAR] a [DÍA] de [MES] de [AÑO].

Ltdo. [NOMBRE Y FIRMA LETRADO]
Proc. [NOMBRE Y FIRMA PROCURADOR]

Recurso de apelación contra sentencia que declara la intromisión ilegítima en el derecho al honor

Procedimiento ordinario.

Número: [NÚMERO / AÑO]

A LA AUDIENCIA PROVINCIAL DE [PROVINCIA] (1)

Don/Doña [NOMBRE_PROCURADOR_CLIENTE], procurador/a de los tribunales y de don/doña [NOMBRE_CLIENTE], según tengo acreditado en los autos de juicio ordinario señalados con el número [NÚMERO] seguidos a instancia de don/doña [NOMBRE_PARTE_CONTRARIA], bajo la dirección letrada de don/doña [NOMBRE ABOGADO CLIENTE] colegiado/a núm. [NÚMERO], ante la Audiencia comparezco y, como mejor proceda en Derecho,

DIGO:

Que en la representación que ostento y por medio del presente escrito, dentro del plazo que me ha sido conferido, interpongo, en tiempo y forma **RECURSO DE APELACIÓN** contra la resolución de fecha [FECHA], recaída en las presentes actuaciones y notificada en fecha [FECHA], de conformidad con lo dispuesto en los artículos 458 (2) y siguientes de la Ley de Enjuiciamiento Civil (LEC), y ello de conformidad con las siguientes,

ALEGACIONES

PREVIO.- El presente recurso de apelación, con base al artículo 458 y siguientes de la Ley de Enjuiciamiento Civil, tiene por objeto la revocación de la sentencia n.º [NÚMERO] dictada por el Juzgado de Primera Instancia n.º [NUMERO], de [LOCALIDAD], de fecha [FECHA] (3) por la que se declara la intromisión ilegítima y violación en el derecho al honor del actor, al ser incluido en un fichero de solvencia patrimonial por parte [NOMBRE PARTE CONTRARIA] de forma indebida.

ÚNICA.- Motivos de apelación (4)

Se impugna la resolución recurrida por infracción de la ponderación llevada a cabo por el juzgador de instancia en relación con el artículos 18.1 de la Constitución Española por el que se garantiza el derecho al honor.

En primer lugar, es de destacar que debe mantenerse como válido e, incluso, cabe estimar incuestionado que, en el supuesto enjuiciado, el derecho en conflicto es el derecho al honor de mi representado/a.

En lo relativo a la vulneración del derecho al honor, debemos traer a colación la **sentencia del Tribunal Supremo n.º 176/2013, de 6 de marzo, ECLI:ES:TS:2013:1715,** en la que se señala que:

> «(...) la inclusión en un registro de morosos, erróneamente, sin que concurra veracidad, es una intromisión ilegítima en el derecho al honor, por cuanto es una imputación, la de ser moroso, que lesiona la dignidad de la persona y

menoscaba su fama y atenta a su propia estimación, precisando que es intrascendente el que el registro haya sido o no consultado por terceras personas, ya que basta la posibilidad de conocimiento por un público, sea o no restringido y que esta falsa morosidad haya salido de la esfera interna del conocimiento de los supuestos acreedor y deudor, para pasar a ser de una proyección pública, de manera que si, además, es conocido por terceros y ello provoca unas consecuencias económicas (como la negación de un préstamo hipotecario) o un grave perjuicio a un comerciante (como el rechazo de la línea de crédito) sería indemnizable, además del daño moral que supone la intromisión en el derecho al honor y que impone el artículo 9.3 LPDH.

Por todo ello, la inclusión equivocada o errónea de datos de una persona en un registro de morosos reviste gran trascendencia por sus efectos y por las consecuencias negativas que de ello se pueden derivar hacia la misma, de modo que la conducta de quien maneja estos datos debe ser de la máxima diligencia para evitar posibles errores. En suma, la información publicada o divulgada debe ser veraz, pues de no serlo debe reputarse contraria a la ley y, como acto ilícito, susceptible de causar daños a la persona a la que se refiere la incorrecta información. La veracidad de la información es pues el parámetro que condiciona la existencia o no de intromisión ilegítima en el derecho al honor, hasta tal punto que la STS de 5 julio 2004 antes citada, señala que la veracidad de los hechos excluye la protección del derecho al honor; en efecto, el Tribunal Constitucional ha reiterado que para que sea legítimo el derecho constitucional de comunicar libremente información es preciso entre otros requisitos que lo informado sea veraz, lo que supone el deber especial del informador de comprobar la autenticidad de los hechos que expone, mediante las oportunas averiguaciones, empleando la diligencia que, en función de las circunstancias de lo informado, medio utilizado y propósito pretendido, resulte exigible al informador».

También cabe traer a colación la **sentencia del Tribunal Supremo n.º 267/2023, de 20 de febrero, ECLI:ES:TS:2023:989,** que reza como sigue:

«La existencia del perjuicio se presumirá siempre que se acredite la intromisión ilegítima. La indemnización se extenderá al daño moral que se valorará atendiendo a las circunstancias del caso y a la gravedad de la lesión efectivamente producida, para lo que se tendrá en cuenta en su caso, la difusión o audiencia del medio a través del que se haya producido. También se valorará el beneficio que haya obtenido el causante de la lesión como consecuencia de la misma.

Dada la presunción iuris et de iure, esto es, no susceptible de prueba en contrario, de existencia de perjuicio indemnizable, el hecho de que la valoración del daño moral no pueda obtenerse de una prueba objetiva no excusa ni imposibilita legalmente a los tribunales para fijar su cuantificación, a cuyo efecto ha de tenerse en cuenta y ponderar las circunstancias concurrentes en cada caso. Se trata, por tanto, de una valoración estimativa, que en el caso de daños morales derivados de la vulneración de un derecho fundamental del art. 18.1 de la Constitución, ha de atender a los parámetros previstos en el art. 9.3 de la Ley Orgánica 1/1982, de acuerdo con la incidencia que en cada caso tengan las circunstancias relevantes para la aplicación de tales parámetros, utilizando criterios de prudente arbitrio.

Como es obvio, es materia muy casuística. No hay criterios verdaderamente objetivos y uniformes».

Así, queda claro que la inclusión en los registros de morosos no puede ser utilizada por las grandes empresas para buscar obtener el cobro de las cantidades que estiman pertinentes, amparándose en el temor al descrédito personal y menoscabo de su prestigio profesional y a la denegación del acceso al sistema crediticio que suponer aparecer en un fichero de morosos, evitando con tal práctica la iniciación del correspondiente procedimiento judicial, como en este caso, superior al importe de la deuda que reclaman a mi representado/a.

Por lo expuesto,

SUPLICO A LA AUDIENCIA:

Que tenga por presentado este escrito, lo admita junto con sus documentos y copias, y tenga por interpuesto **RECURSO DE APELACIÓN**, contra la resolución n.º [NUMERO], procediéndose, tras los trámites legales oportunos, a dar traslado a las demás partes para que presenten escrito de oposición/impugnación y finalmente se dicte resolución por la que, estimando este recurso de apelación, se revoque íntegramente la de [FECHA], recaída en los autos [DESCRIPCION] seguidos ante el Juzgado [ESPECIFICAR], declarando ajustadas a derecho las pretensiones de este recurso, con condena en costas a la parte contraria.

Por ser justicia que pido en [LOCALIDAD] a [DIA] de [MES] de [AÑO].

---

(1) El RD-ley 6/2023, de 19 de diciembre, modifica el artículo 458 de la LEC con entrada en vigor el 20/03/2024.

Contestación al ejercicio del derecho de acceso. (Inexistencia de datos)

[NOMBRE_EMPRESA]

CIF/NIF [NUMERO]

[DIRECCIÓN]

[TELÉFONO]

[CORREO_ELECTRÓNICO]

Delegado de Protección de datos: [ESPECIFIQUE AQUI, LOS DATOS DE CONTACTO DEL DELEGADO, INCLUYENDO, DIRECCION, TELEFONO, EMAIL, Y TODOS LOS DATOS QUE SEAN NECESARIOS PARA LA CORRECTA IDENTIFICACION] **(1)**

Asunto: CONTESTACIÓN AL EJERCICIO DEL DERECHO DE ACCESO

Estimado/a Sr./Sra.:

Me dirijo a Ud. en relación con su solicitud de fecha [FECHA] mediante la que ejerce su **derecho de acceso a los datos** que están almacenados en nuestros registros de actividades y en la que adjunta la siguiente documentación:

[ESPECIFICAR] **(2)**

Conforme a la normativa vigente sobre protección de datos, concretamente de acuerdo con lo establecido en el Reglamento (UE) 2016/679 del Parlamento Europeo y del Consejo, de 27 de abril, relativo a la protección de las personas físicas en lo que respecta al tratamiento de datos personales y a la libre circulación de estos datos y por el que se deroga la Directiva 95/46/CE, así como a la Ley Orgánica 3/2018, de 5 de diciembre, de Protección de Datos Personales y garantía de los derechos digitales, le notificamos que en nuestro/s registros **NO se encuentra ningún dato de carácter personal referente a su persona.**

En todo caso le informamos que para ejercer sus derechos o si la presente respuesta no le resulta satisfactoria puede contactar nuevamente con nosotros e indicarnos lo que considere oportuno o bien puede obtener la tutela de la Agencia Española de Protección de Datos dirigiendo su reclamación a la misma en la calle Jorge Juan número 6, Madrid 28001 Madrid (www.agpd.es).

En [LOCALIDAD], a [DÍA] de [MES] de [AÑO]

[SELLO_Y_FIRMA_EMPRESA]

Fdo.: RESPONSABLE DEL TRATAMIENTO

---

(1) De ser el caso, especifique aquí los datos de contacto del delegado incluyendo dirección, teléfono, email, y todos aquellos que sean necesarios para su correcta identificación.

(2) Modelo de ejercicio de Derecho de Acceso y demás documentación adjunta.

Contestación al ejercicio del derecho de supresión

[NOMBRE_EMPRESA]

CIF/NIF [NÚMERO]

[DIRECCIÓN]

[TELÉFONO]

[CORREO_ELECTRÓNICO]

Delegado de Protección de datos: [ESPECIFIQUE AQUI, LOS DATOS DE CONTACTO DEL DELEGADO, INCLUYENDO, DIRECCION, TELEFONO, EMAIL, Y TODOS LOS DATOS QUE SEAN NECESARIOS PARA LA CORRECTA IDENTIFICACION] **(1)**

Asunto: Contestación al ejercicio del derecho de supresión

Estimado Sr./Sra.:

Habiendo recibido su solicitud con fecha [FECHA], adjuntando la siguiente documentación [ESPECIFICAR] **(2)** mediante la que ejerce el **DERECHO DE SUPRESIÓN** de sus datos que están registrados almacenados en nuestros registros de actividades y, conforme a la normativa vigente sobre protección de datos, en concreto, el **artículo 17 (3) del Reglamento (UE) 2016/679 del Parlamento Europeo y del Consejo, de 27 de abril, relativo a la protección de las personas físicas en lo que respecta al tratamiento de datos personales y a la libre circulación de estos datos y por el que se deroga la Directiva 95/46/CE (RGPD), y el artículo 15 (4) de la Ley Orgánica 3/2018, de 5 de diciembre, de Protección de Datos Personales y garantía de los derechos digitales (LOPDGDD)**, le notificamos que los datos sobre los que se ejerce este derecho serán bloqueados, no eliminados, de acuerdo con lo establecido en el artículo 32 de la LOPDGDD.

Igualmente le informamos que, para ejercer sus derechos o si la respuesta no es satisfactoria puede contactar nuevamente con nosotros e indicarnos lo que considere oportuno o bien puede obtener la tutela de la Agencia Española de Protección de Datos (AEPD) dirigiendo su reclamación a la misma en la calle Jorge Juan número 6, Madrid 28001 Madrid (www.agpd.es).

En [LOCALIDAD], a [DÍA] de [MES] de [AÑO]

[FIRMA]

Fdo.: RESPONSABLE DEL TRATAMIENTO

---

(1) Especifique aquí, los datos de contacto del delegado (sólo si es el caso) incluyendo, dirección, teléfono, email, y todos los datos que sean necesarios para la correcta identificación.
(2) Modelo de ejercicio del derecho de supresión y demás documentación adjunta.

(3) Artículo 17. Derecho de supresión («el derecho al olvido») del RGPD.

«1. El interesado tendrá derecho a obtener sin dilación indebida del responsable del tratamiento la supresión de los datos personales que le conciernan, el cual estará obligado a suprimir sin dilación indebida los datos personales cuando concurra alguna de las circunstancias siguientes:

a) los datos personales ya no sean necesarios en relación con los fines para los que fueron recogidos o tratados de otro modo;

b) el interesado retire el consentimiento en que se basa el tratamiento de conformidad con el artículo 6, apartado 1, letra a), o el artículo 9, apartado 2, letra a), y este no se base en otro fundamento jurídico;

c) el interesado se oponga al tratamiento con arreglo al artículo 21, apartado 1, y no prevalezcan otros motivos legítimos para el tratamiento, o el interesado se oponga al tratamiento con arreglo al artículo 21, apartado 2;

d) los datos personales que hayan sido tratados ilícitamente;

e) los datos personales deban suprimirse para el cumplimiento de una obligación legal establecida en el Derecho de la Unión o de los Estados miembros que se aplique al responsable del tratamiento;

f) los datos personales se hayan obtenido en relación con la oferta de servicios de la sociedad de la información mencionados en el artículo 8, apartado 1.

2. Cuando haya hecho públicos los datos personales y esté obligado, en virtud de lo dispuesto en el apartado 1, a suprimir dichos datos, el responsable del tratamiento, teniendo en cuenta la tecnología disponible y el coste de su aplicación, adoptará medidas razonables, incluidas medidas técnicas, con miras a informar a los responsables que estén tratando los datos personales de la solicitud del interesado de supresión de cualquier enlace a esos datos personales, o cualquier copia o réplica de los mismos.

3. Los apartados 1 y 2 no se aplicarán cuando el tratamiento sea necesario:

a) para ejercer el derecho a la libertad de expresión e información;

b) para el cumplimiento de una obligación legal que requiera el tratamiento de datos impuesta por el Derecho de la Unión o de los Estados miembros que se aplique al responsable del tratamiento, o para el cumplimiento de una misión realizada en interés público o en el ejercicio de poderes públicos conferidos al responsable;

c) por razones de interés público en el ámbito de la salud pública de conformidad con el artículo 9, apartado 2, letras h) e i), y apartado 3;

d) con fines de archivo en interés público, fines de investigación científica o histórica o fines estadísticos, de conformidad con el artículo 89, apartado 1, en la medida en que el derecho indicado en el apartado 1 pudiera hacer imposible u obstaculizar gravemente el logro de los objetivos de dicho tratamiento, o

e) para la formulación, el ejercicio o la defensa de reclamaciones».

(4) Artículo 15. Derecho de supresión de la LOPDGDD

«1. El derecho de supresión se ejercerá de acuerdo con lo establecido en el artículo 17 del Reglamento (UE) 2016/679.

2. Cuando la supresión derive del ejercicio del derecho de oposición con arreglo al artículo 21.2 del Reglamento (UE) 2016/679, el responsable podrá conservar los datos identificativos del afectado necesarios con el fin de impedir tratamientos futuros para fines de mercadotecnia directa».

Demanda de indemnización de daños y perjuicios contra compañía telefónica. Vulneración de protección de datos

AL JUZGADO DE PRIMERA INSTANCIA DE [LOCALIDAD] QUE POR TURNO CORRESPONDA

Don/Doña [NOMBRE_PROCURADOR_CLIENTE] procurador/a de los Tribunales, en nombre y representación de **don/doña** [NOMBRE_CLIENTE], con NIF [NÚMERO] y domicilio en [DOMICILIO] según acredito mediante escritura de poder (notarial/*apud acta*) que me ha sido otorgada **documento n.º** [NÚMERO], ante este Juzgado comparezco y, como mejor en Derecho proceda, **DIGO:**

Que mediante el presente escrito y en la representación indicada interpongo **DEMANDA DE JUICIO ORDINARIO EN RECLAMACIÓN DE CANTIDAD INDEMNIZATORIA DE DAÑOS Y PERJUICIOS Y DE DAÑO MORAL** por vulneración de protección de datos de carácter personal contra la mercantil [RAZON_SOCIAL] con CIF [NUMERO] y domicilio en [DOMICILIO], todo ello con base en los siguientes

HECHOS

PRIMERO.- En fecha de [FECHA], don/doña [NOMBRE_CLIENTE], en calidad de cliente, y la mercantil demandada, [RAZON_SOCIAL], en calidad de prestadora de servicios telefónicos, suscribieron el contrato de la línea n.º [NÚMERO], cuya copia se adjunta al presente escrito como **documento n.º** [NÚMERO].

El contrato se ha hallado/ se halla vigente hasta [FECHA].

SEGUNDO.- El anexo/cláusula n.º [NÚMERO], que consta en la página [NÚMERO] del referido contrato, y que contiene la política de protección de datos de carácter personal de los clientes, reza tal como se transcribe a continuación:

«[ESPECIFICAR]»

Tal como se describe, la responsable de tratamiento de los datos de carácter personal es la demandada.

TERCERO.- En fecha [FECHA] don/doña se entera que sus datos personales han sido incluidos en varios ficheros de solvencia patrimonial [ESPECIFICAR FICHERO].

Don/Doña [NOMBRE_CLIENTE] remitió a la compañía telefónica ejercitando el derecho de supresión de sus datos personales, en la cual además adjuntaba el contrato donde aparecía la posibilidad de desistimiento unilateral del contrato.

CUARTO.- Don/Doña [NOMBRE_CLIENTE] nunca recibió un requerimiento de pago de la supuesta deuda, asimismo, tampoco se le informó previamente de su inclusión en ficheros de solvencia patrimonial.

QUINTO.- Como consecuencia del obrar negligente de [RAZÓN_SOCIAL], mi representado/a sufrió un daño/perjuicio consistente en [ESPECIFICAR] y cuantificable en una suma de [CANTIDAD] euros, tal como acreditamos con la aportación de [DOCUMENTO] como **documento n.º** [NÚMERO].

QUINTO.- Adjuntamos como **documento n.º** [NÚMERO] el legajo de comunicaciones dirigidas en fechas de [FECHAS] de esta parte a la entidad [RAZÓN_SOCIAL], responsable del tratamiento de los datos cuya protección ha vulnerado.

SEXTO.- Toda vez que la entidad se ha negado a resarcir en sede extrajudicial tanto los daños y perjuicios causados como el daño moral ocasionado, esta parte interpone la presente demanda a fin de que se condene a [RAZÓN_SOCIAL] a abonar a don/ doña [NOMBRE_CLIENTE] la cantidad de [CANTIDAD] euros.

A los anteriores hechos resultan de aplicación los siguientes:

FUNDAMENTOS DE DERECHO

I.- JURISDICCIÓN Y COMPETENCIA

Corresponde la jurisdicción a los tribunales españoles, de acuerdo con el **art. 79.2** del Reglamento (UE) 2016/679 del Parlamento Europeo y del Consejo, de 27 de abril de 2016.

Asimismo, conforme al art. 9 de la LOPJ, habrán de conocer del asunto los juzgados y tribunales del orden civil.

La competencia objetiva corresponde a los juzgados de Primera Instancia en virtud de los arts. 85.1 de la LOPJ y 45 de la LEC y la territorial corresponde al juzgado al que tengo el honor de dirigirme en aplicación del art. 51 de la LEC.

II.- CAPACIDAD Y LEGITIMACIÓN

Las partes gozan de capacidad para litigar a la luz de los arts. 6 y 7 de la LEC.

La legitimación activa corresponde a mi mandante por ser el titular de los datos personales vulnerados.

La legitimación pasiva corresponde a la entidad demandada, [RAZÓN_SOCIAL], responsable del tratamiento de los datos personales de mi cliente.

III.- POSTULACIÓN

Esta parte comparece asistida de letrado y representada por procurador *ex* arts. 23 y 31 de la LEC.

IV.- ACCIÓN

Esta parte ejercita la acción indemnizatoria que le asiste como perjudicada por la vulneración de la protección de sus datos por parte de la empresa demandada.

V.- PLAZO

A tenor del apartado quinto del art. 9.5 de la LO 1/1982, de 5 de mayo, la acción ejercitada se halla dentro de plazo.

VI.- PROCEDIMIENTO

El pleito iniciado con la presente demanda habrá de sustanciarse, atendiendo a la materia, por los cauces del procedimiento ordinario en virtud del art. 249.1.2.º de la LEC.

VII.- CUANTÍA

[ESPECIFICAR]

VIII.- FONDO DEL ASUNTO

Art. 18.1 de la CE: *«1. Se garantiza el derecho al honor, a la intimidad personal y familiar y a la propia imagen».*

Art. 82 del Reglamento (UE) 2016/679: *«1. Toda persona que haya sufrido daños y perjuicios materiales o inmateriales como consecuencia de una infracción del presente Reglamento tendrá derecho a recibir del responsable o el encargado del tratamiento una indemnización por los daños y perjuicios sufridos».*

Art. 1101 del Código Civil: *«Quedan sujetos a la indemnización de los daños y perjuicios causados los que en el cumplimiento de sus obligaciones incurrieren en dolo, negligencia o morosidad, y los que de cualquier modo contravinieren al tenor de aquéllas».*

Cabe traer a colación la **sentencia de la Audiencia Provincial de Madrid, n.º 23/2023, de 19 de enero, ECLI:ES:APM:2023:2** que reza el tenor literal siguiente:

> «Acreditado, en los términos que se vienen indicando, que **la demandada no cumplió, en la forma que le era exigible, las obligaciones de seguridad y custodia** que respecto de la grabación le imponían la normativa reguladora de la protección de datos de carácter personal, y produciéndose como consecuencia de dichos incumplimientos la difusión de datos de carácter personal, especialmente protegidos que afectan a la dignidad y esfera más profunda de la personalidad de la demandante, dicha difusión sí vulnera el derecho a la intimidad personal; y el comportamiento de la demandada en todo ello, sí contribuyó de manera directa a dicha difusión, en cuanto no adoptó las medidas de custodia y conservación que le eran exigibles para proteger los datos de carácter personal que reflejaba la grabación.
>
> (...)
>
> Respecto de la pretensión indemnizatoria, el art. 9 de la LO 1/1982, establece una presunción iuris et de iure de la existencia de daños indemnizables, cuando se acredita la existencia de una vulneración de estos derechos fundamentales; de manera que, aunque no consten ni se aporten datos objetivos para determinar su importe, debe fijarse una cuantía teniendo en cuenta y ponderando las circunstancias concurrentes».

Con respecto a la ausencia de requerimiento previo de pago la sentencia de la Audiencia Provincial de Murcia n.º 337/2023, de 5 de junio, ECLI:ES:APMU:2023:1425, señala:

> «(...) el requerimiento de pago previo no es simplemente un requisito formal, de modo que su incumplimiento tan sólo dé lugar a una sanción administrativa, sino que es un requisito que responde a la finalidad del fichero automatizado sobre incumplimientos de obligaciones dinerarias, que no es sólo un registro sobre deudas, sino sobre personas que incumplen sus obligaciones de pago porque no pueden afrontarlas o porque no quieren hacerlo de manera injustificada, y el citado requerimiento cumple la función de impedir que se incluyan en estos registros personas que, por un simple descuido, por un error bancario al que son ajenas, o por cualquier otra circunstancia de similar naturaleza, han dejado de hacer frente a una obligación dineraria vencida y exigible, aparte de que dicho requerimiento les permite ejercitar sus derechos de acceso, rectificación, oposición y cancelación, concluyendo la citada sentencia de nuestro más alto tribunal que no se efectuó correctamente el requerimiento de pago previo a la inclusión en el fichero de morosos dado que no consta garantía de recepción de la referida reclamación (...).»

En el mismo sentido el **Tribunal Supremo en su sentencia n.º 945/2022, de 20 de diciembre, ECLI:ES:TS:2022:4607,** reza el tenor literal siguiente:

«12.- Por tanto, el hecho de que el actual art. 20.1.c) de la Ley Orgánica 3/2018 no establezca expresamente el requisito del requerimiento previo de pago no supone que la regulación del art. 38.1.c del reglamento aprobado por el Real Decreto 1720/2007 se oponga o sea incompatible con la nueva norma legal y deba considerarse, por tanto, derogado. Es más, la nueva norma legal contiene la mención a la existencia de dicho requerimiento previo al prever que la advertencia de comunicación de los datos al fichero debe hacerse bien en ese requerimiento previo, bien al celebrarse el contrato. Esa mención, que no existía en la anterior ley, implica que el nuevo precepto legal presupone la existencia necesaria de tal requerimiento previo, que es uno de los momentos, junto con el de celebración del contrato, en los que el acreedor puede hacer al deudor la advertencia de comunicación de sus datos al fichero de morosos en caso de impago de la deuda.

13.- La conclusión de lo anterior es que sigue siendo exigible el requerimiento previo de pago, previsto en el propio art. 20.1.c de la Ley Orgánica 3/2018, cuya función y justificación han sido expresadas por esta sala en numerosas sentencias (entre las últimas, la sentencia 604/2022, de 14 de septiembre): impide que sean incluidas en estos registros los datos de personas que, por un simple descuido, por un error bancario al que son ajenas, o por cualquier otra circunstancia de similar naturaleza, han dejado de hacer frente a una obligación dineraria vencida y exigible, por lo que el dato del impago no es pertinente para enjuiciar su solvencia. Lo que no es imprescindible con la nueva regulación es que en ese requerimiento de pago se advierta de la posibilidad de incluir sus datos en un fichero de morosos en caso de impago pues esa advertencia puede haber sido realizada al contratar.

14.- La exigencia de que el responsable del fichero notifique al afectado la inclusión de tales datos y le informe sobre la posibilidad de ejercitar los derechos establecidos en los artículos 15 a 22 del Reglamento (UE) 2016/679 dentro de los treinta días siguientes a la notificación de la deuda al sistema, que se contenía tanto en el art. 29 de la anterior ley orgánica como en el párrafo segundo del art. 20.1.c) de la actual, no suple el requisito del requerimiento previo sino que se añade a él, al igual que ocurría en el régimen anterior».

En el presente caso quedan acreditados los daños expresados en los HECHOS [ESPECIFICAR], cuantificados en [CANTIDAD] euros, a cuyo pago debe ser condenada la entidad responsable.

IX.- *IURA NOVIT CURIA*

En todo lo no invocado resulta de aplicación el principio *iura novit curia*, plasmado en el párrafo segundo del punto primero del artículo 218 de la LEC, en virtud del cual serán aplicables las demás normas que sean de pertinente, especial o general aplicación, y que el juzgador podrá tener en cuenta de oficio sin necesidad de que hayan sido previamente alegados o invocados por alguna de las partes intervinientes.

X.- COSTAS

Conforme al artículo 394 de la LEC, le corresponderán a la parte demandada.

Por lo expuesto,

SUPLICO AL JUZGADO:

Tenga por presentado este escrito, junto con sus copias y documentos acompañados, y se sirva admitirlo, teniéndome por comparecido y parte en la representación que ostento de don/doña [NOMBRE_CLIENTE] y por presentada **DEMANDA DE JUI-CIO ORDINARIO EN RECLAMACIÓN DE CANTIDAD INDEMNIZATORIA** frente a la mercantil [RAZÓN_SOCIAL], dictándose en su día sentencia por la que se condene a la demandada al pago de [CANTIDAD] euros en concepto de indemnización por daños y perjuicios y a la indemnización de los daños morales sufridos.

Por ser justicia que pido en [LOCALIDAD] a [FECHA].

Fdo.: D./D.ª [NOMBRE_ABOGADO]

Fdo.: D./D.ª [NOMBRE_PROCURADOR]
Col. n.º: [NUMERO_ABOGADO]
Col. n.º: [NUMERO_PROCURADOR]

PRIMER OTROSÍ DIGO: interesa esta parte se adopten las medidas necesarias al amparo del art. 9 de la LO 1/1982, de 5 de mayo, de protección civil del derecho al honor, a la intimidad personal y familiar y a la propia imagen.

Por ello,

SUPLICO AL JUZGADO:

Tenga por realizada la anterior manifestación a los efectos legales oportunos.

Por ser justicia, fecha y lugar *ut supra*

Fdo.: D./D.ª [NOMBRE_ABOGADO]

Fdo.: D./D.ª [NOMBRE_PROCURADOR]
Col. n.º: [NUMERO_ABOGADO]
Col. n.º: [NUMERO_PROCURADOR]

SEGUNDO OTROSÍ DIGO: siendo intención de esta parte cumplir con todos los requisitos legales, a tenor de lo previsto en el artículo 231 de la LEC, se solicita se le diere traslado de cualquier defecto que adoleciere la presente demanda, para la inmediata subsanación de la misma.

En virtud de lo expuesto,

SUPLICO AL JUZGADO:

Tenga por efectuada la anterior manifestación a los efectos oportunos.

Por ser justicia, fecha y lugar *ut supra*.

Fdo.: D./D.ª [NOMBRE_ABOGADO] Fdo.: D./D.ª [NOMBRE_PROCURADOR]
Col. n.º: [NUMERO_ABOGADO] Col. n.º: [NUMERO_PROCURADOR]

Formulario para ejercicio del derecho de supresión

EJERCICIO DEL DERECHO DE SUPRESIÓN

DATOS DEL RESPONSABLE DEL TRATAMIENTO

Nombre/razón social: [NOMBRE_EMPRESA].

Dirección de la Oficina (Servicio ante el que se ejercita el derecho de acceso): [DIRECCIÓN].

C. Postal: [CÓDIGO_POSTAL].

Localidad: [LOCALIDAD].

Provincia: [PROVINCIA].

Comunidad Autónoma: [COMUNIDAD_AUTÓNOMA].

DATOS DEL AFECTADO O REPRESENTANTE LEGAL

D./D.ª [NOMBRE], mayor de edad, con domicilio en la C/[DIRECCIÓN], localidad [LOCALIDAD], provincia [PROVINCIA], código postal [CÓDIGO_POSTAL], Comunidad Autónoma [COMUNIDAD_AUTÓNOMA], con DNI [NÚMERO], con correo electrónico [CORREO_ELECTRÓNICO], por medio del presente escrito ejerce el **DERECHO DE SUPRESIÓN** previsto en el **artículo 17 del Reglamento UE 2016/679, General de Protección de Datos (RGPD)** y en el **artículo 15 de la Ley Orgánica 3/2018, de 5 de diciembre, de Protección de Datos Personales y garantía de los derechos digitales (LOPDGDD).**

SOLICITA:

Que se proceda a acordar la **supresión de sus datos personales** en el plazo de un mes a contar desde la recepción de esta solicitud, y que se me notifique de forma escrita el resultado de la supresión practicada. Dicha supresión afectará igualmente a las copias o réplicas de tales datos.

Que, en caso de que se acuerde que no procede practicar total o parcialmente la supresión solicitada, se me comunique motivadamente a fin de, en su caso, reclamar ante la autoridad de control que corresponda.

Que, en caso de que mis datos personales hayan sido comunicados por este responsable a otros responsables del tratamiento, se comunique a todos ellos esta supresión.

En [LOCALIDAD], a [DIA] de [MES] de [AÑO].

[FIRMA]

Escrito de denuncia ante la AEPD por inclusión en fichero de morosos

DENUNCIA ANTE LA AGENCIA ESPAÑOLA DE PROTECCIÓN DE DATOS

DATOS DEL AFECTADO (1)

Don/Doña [NOMBRE_AFECTADO], mayor de edad, con DNI n.º [NÚMERO_DNI], con domicilio en [CALLE], [NÚMERO], [LOCALIDAD], en la provincia de [PROVINCIA], CP [CÓDIGO_POSTAL], [COMUNIDAD_AUTÓNOMA].

DATOS DEL PRESUNTO RESPONSABLE

Nombre/razón social:[NOMBRE/RAZÓN_SOCIAL]

DNI/CIF:[DNI/CIF]

Dirección del Centro/Servicio:[DIRECCIÓN_CENTRO/SERVICIO]

Calle:[CALLE], n.º:[NÚMERO], CP:[CÓDIGO_POSTAL]

Localidad:[LOCALIDAD], Provincia:[PROVINCIA]

Comunidad Autónoma:[COMUNIDAD_AUTÓNOMA]

De acuerdo con lo establecido en el artículo 47 **(2)** de la Ley Orgánica 3/2018, de 5 de diciembre, de Protección de Datos Personales y garantía de los derechos digitales (LOPDGDD), se viene a poner en conocimiento del director de la Agencia Española de Protección de Datos los siguientes,

HECHOS

PRIMERO.- El padecimiento de reclamaciones reiteradas por parte de [NOMBRE_EMPRESA], ocasionando una inclusión en el fichero de morosidad [NOMBRE_FICHERO] en [FECHA]. [NOMBRE_EMPRESA] llevó a cabo una cesión de datos personales de [NOMBRE_AFECTADO], asociándolos a una deuda incierta que ascendía a un importe de [IMPORTE_DEUDA], incluyendo los mismos en [NOMBRE_FICHERO]. Su justificación se acompaña como doc. núm. [NÚMERO_DOCUMENTO].**(3)**

SEGUNDO.- Dicha deuda [ESPECIFICAR] **(4)** por lo que, a fecha de hoy, la misma no existe. Por ello, la inclusión de esa deuda en [NOMBRE_FICHERO] supone una vulneración del derecho al honor del demandante por cuanto implica imputarle el incumplimiento de una obligación pecuniaria, lo que supone un desmerecimiento en la consideración ajena y un menoscabo en la dignidad de mi representado, puesto que en este tipo de ficheros se suelen incluir a personas las cuales son valoradas en forma negativa, sobre todo si se trata de llevar a cabo relaciones contractuales con ellas. Su justificación se acompaña como documento n.º [NÚMERO]. **(5)**

En virtud de todo ello,

SOLICITA que, previas las comprobaciones que estime oportuno llevar a cabo, se dicte **acuerdo de iniciación del procedimiento sancionador**, con el fin de atajar la actuación señalada contraria a lo que se establece en la Ley Orgánica 3/2018 de Protección de Datos Personales y garantía de los derechos digitales, en el Reglamento (UE) 2016/679, general de protección de datos y en el artículo 18.1 de la Constitución Española, y que me notifique la resolución que recaiga en el mismo.

En [LUGAR], a [DÍA] de [MES] de [AÑO].

FIRMADO

[FIRMA_AFECTADO]

---

(1) La denuncia puede presentarse por el propio afectado, en cuyo caso acompañará copia del DNI o cualquier otro documento que acredite la identidad y sea considerado válido en derecho. También puede concederse la representación legal a un tercero, en cuyo caso, además se deberá aportar DNI y documento acreditativo de la representación de éste.

(2) El artículo 47 de la LOPDGDD establece que «corresponde a la Agencia Española de Protección de Datos supervisar la aplicación de esta ley orgánica y del Reglamento (UE) 2016/679 y, en particular, ejercer las funciones establecidas en el artículo 57 y las potestades previstas en el artículo 58 del mismo reglamento, en la presente ley orgánica y en sus disposiciones de desarrollo. Asimismo, corresponde a la Agencia Española de Protección de Datos el desempeño de las funciones y potestades que le atribuyan otras leyes o normas de Derecho de la Unión Europea».

(3) Certificado justificativo de la constancia de los datos personales en el fichero de morosos.

(4) Puede darse la variable de que o bien la deuda ya haya sido pagada o bien que nunca haya existido. Especificar de qué situación se trata. Este formulario se adapta a ambas opciones.

(5) Documento justificativo especificando si la deuda ya ha sido pagada o bien que demuestre que la deuda nunca existió.